Foley

os compañeros

ieron regresar a casa

Al pueblo sirio, por su dignidad

ÍNDICE

El viento golpea la puerta exterior de mi prisión con un ruido que me encoge el corazón. El frío se cuela por las rendijas y me cala los huesos. Me miro las manos. Tiritan. Puede que la temperatura exterior no alcance los cero grados. Es posible, incluso, que esté nevando. Suspiro con desgana y pesar. Una nube de vaho sale de mi boca.

Trato de explicarle a mi carcelero que me estoy congelando. No puedo aguantar mucho más en estas condiciones, pero a él poco le importa mi situación. Al contrario. Ese malnacido disfruta al verme sufrir, al observar a un occidental vejado y sometido a su magnanimidad. Él, que tiene en sus manos el poder de aliviar mi castigo, no muestra intención alguna de apiadarse de mí.

Mi celda está en penumbras, salvo por un pequeño haz de luz procedente de un led situado en una de las paredes de la habitación, que me permite ver mi silueta recortada en el muro. Junto a mi colchón, mis cuadernos y los platos sucios de comida. La luz se va apagando al mismo ritmo que mi esperanza de salir con vida de este agujero. Me hundo en una profunda desesperación.

Solo las puntuales visitas de mis carceleros alteran esta situación. Vienen para darme de comer, golpearme o humillarme. Echo de menos a mi familia y a mis amigos. En esta celda situada en algún punto cercano a la frontera entre Siria y Turquía, encerrado con mis fantasmas, hablo con Jesús, Alá, Buda o como queráis llamarlo. Dios y el recuerdo de mi madre son mis únicas compañías. A ellos me aferro para aguantar un día y otro día. Han pasado cinco meses, tres de ellos en absoluta soledad, hasta hoy, 14 de enero de 2016.

El canto del muecín de una mezquita cercana es mi reloj. Hace un par de horas que he oído la última llamada a la oración. En la noche, pienso en mis compañeros. Recibí un par de cartas suyas, la última el 26 de diciembre. Desde entonces no sé nada de ellos. Desconozco si están vivos o muertos. Descarto esta última posibilidad porque creo que yo seré el primero en ser vendido o ejecutado. No sé exactamente qué futuro me tienen preparado mis secuestradores. La posibilidad de no volver a ver a mi familia me reconcome por dentro.

Solo soy un periodista que ha venido a hacer su trabajo. A contar lo que está ocurriendo en esta maldita guerra, como llevo haciendo desde que vine la primera vez en diciembre de 2011. Ellos, sin embargo, piensan que soy espía y que trabajo para el Gobierno. No sé si saldré de aquí con vida. He perdido la esperanza o, mejor dicho, me la han robado. Lo mismo que la felicidad, la alegría, la ilusión, la sonrisa… ¡Hace tanto tiempo que no sonrío! Me miro en el plato de latón que tengo para comer y que uso como espejo. No me reconozco. Las arrugas, las ojeras, el pelo y la barba largos y, sobre todo, la tristeza que desprendo. Antonio no es este ser pusilánime. ¿Qué han hecho conmigo? ¿Por qué me hacen esto a mí?

No aguanto más. No soporto más golpes, más amenazas de muerte, insultos, interrogatorios ni risas a mi costa. No puedo con este sadismo. Me han convertido en un perro al que sacan dos veces al día a pasear. Abren la puerta, si se acuerdan, solo para que pueda ir al baño o para darme de comer. Y cuando consideran que hago algo mal, me pegan para «educarme». A veces lo hacen simplemente por diversión.

Pienso mucho en la muerte. No estoy preparado para morir. Ni de coña. Trato de hacerme a la idea, pero me atormenta pensarlo. Además, no quiero que mi familia vea por televisión cómo me cortan el cuello. No quiero que mi madre o mi hermana lo tengan que ver una y otra vez. Si sucediera, creo que me derrumbaría ante la cámara, que no sería capaz de mantener la entereza. Lloro como un niño. Quiero que terminen con todo esto de una puta vez. ¡Que me dejen en paz! Si me van a matar, que lo hagan lo antes posible, que sea rápido y, sobre todo, que no me duela. Tengo miedo. Mucho. Muchísimo miedo.

He tomado una decisión. Puede que no sea la correcta; puede que sea la salida más sencilla, pero estoy desesperado. Quiero poner fin a este sufrimiento, a esta incertidumbre, a esta tortura. Me acuerdo de varios amigos que aguantaron hasta el final, pero yo no puedo. El castigo es muy severo, excesivo. No puedo más, de verdad. Voy a coger el toro por los cuernos. Seré yo y solo yo quien decida mi destino. Solo espero que mi familia entienda lo que voy a hacer y que me perdone.

Lágrimas heladas resbalan por mis mejillas. Sobre la palma de mi mano derecha sostengo las dos cuchillas que he robado a mis carceleros del cuarto de baño. La luz del led refulge sobre sus afiladas hojas. La decisión está tomada. Miro esos dos trozos de metal y me pregunto cómo he llegado a este punto.

1

EL SECUESTRO

Miro el reloj. Se ha parado. Me incorporo sobre el colchón, aún adormilado. No tengo muy claro si se ha detenido de súbito o si lo estoy mirando mal. No hay duda: se ha parado. Golpeo la esfera y consigo que el segundero se mueva un poquito antes de volver a detenerse. Trato de darle cuerda, pero me quedo con la rueda entre los dedos.

—Se me ha parado el reloj —digo en voz alta sin mirar a nadie en concreto.

—Se le habrá acabado la pila —responde Ángel.

—Imposible. La cambié semanas antes de venir.

—Se habrá caído al suelo y golpeado —insiste buscando una explicación lógica.

—No. Estaba sobre la ropa. En el mismo sitio donde lo dejé anoche antes de irnos a dormir —arguyo.

Mi otro compañero, un fotógrafo leonés con el que trabajo desde hace más de tres años, me mira sin decir nada. ¿Miedo o incredulidad? Quizá simplemente piense que estoy completamente loco por darle importancia a algo tan nimio. Se levanta del camastro para desperezarse. No me presta mucha atención...

Continúo con el reloj en las manos. Lo miro con desconfianza. ¿Será una señal? Soy muy supersticioso. Siempre trabajo con el mismo reloj y con el mismo número de pulseras en la mano derecha, colocadas en el mismo orden. Esta señal, o lo que sea, me inquieta y me desestabiliza. Mi primer impulso es guardar el reloj en el interior de mi mochila, en el lugar más hondo, para olvidarme del asunto. Pero siento que me falta algo, así que me lo vuelvo a poner en la muñeca como si nada hubiese pasado.

—¿Todo listo? —pregunta el joven sirio de pantalones de camuflaje que nos ha refugiado durante una noche en su casa, antes de cruzar la frontera.

—Sí —afirmo mientras me echo la mochila con las cámaras y el ordenador al hombro.

—¿Sois muyahidines? —pregunta mientras se atusa su bigote rubio.

—No —respondo con una sonrisa en los labios.

—¿De Al Qaeda? —insiste.

—Tampoco.

Nos mira con curiosidad. Enarca las cejas y achina los ojos intentando vislumbrar nuestras caras. No sabe quiénes somos ni por qué queremos entrar en un país del que la mayoría intenta escapar.

—Entonces ¿quiénes sois? —dice volviendo a la carga.

—Somos periodistas —contesto con sequedad.

—¡Periodistas! ¡Son periodistas! ¡Periodistas! —reitera con tono socarrón.

A este sirio, huido de la guerra que asola su país, le parece divertido, alocado o estúpido que tres occidentales quieran entrar en un lugar al que él no regresaría. ¿Nos tomará por imbéciles? ¿Por locos? ¿Por mentirosos? Se recuesta sobre su asiento y no vuelve a dirigirnos la palabra durante el resto del trayecto. Tanto mejor. La verdad es que no tenemos nada más que decirnos. Seguramente no le importa lo más mínimo qué nos motiva a entrar en su país. Y si le interesara, ¿cómo explicarle el porqué de nuestro viaje?

En estos momentos, ni siquiera yo mismo soy capaz de explicar qué hago en la parte trasera de esta furgoneta en compañía de dos sirios que se ganan la vida como contrabandistas de mercancías entre Turquía y Siria.

Este es mi duodécimo viaje a Siria en los últimos tres años y medio. Sé que al mundo le da exactamente igual lo que ocurra en este país árabe. He contado los horrores de una de las peores guerras del siglo XXI, por no decir la peor de todas. Un conflicto que se recrudece con el tiempo. Sé que viajo a un lugar del que todo el mundo huye, pero aún quiero contar lo que aquí sucede para intentar que alguien empatice con el sufrimiento de este pueblo.

—Usama os espera justo al otro lado de la frontera —recalca, sin dejar de mirarnos y sin salir de su asombro.

El nombre de Usama me tranquiliza. Poco, pero algo me tranquiliza. Nunca lo he visto en persona, pero hace tiempo que trato con él por medio de las redes sociales para preparar este viaje. Es profesor de inglés. Entró en mi vida a través de una periodista con la que había trabajado en unos campos de refugiados y por recomendación de un miembro de los Cascos Blancos de Alepo. Mi intención es terminar un reportaje sobre este grupo que dejé a medias en mayo de 2014. Él nos ofrece acceso total y excelentes contactos. Se muestra dispuesto a ayudarnos e implicado en la causa siria. Parece leal. Y en un lugar como Siria, la lealtad es fundamental para sobrevivir.

—*Yallah!* («¡Vamos!», en árabe) —afirma sonriendo.

Es una sonrisa perturbadora. Inquietante. Suspiro. Es el 11 de julio de 2015. Ha llegado el momento. Vuelvo a Siria una vez más. Y mi reloj se acaba de parar.

La frontera

El sol muerde mi piel con rabia. No deben ser más de las seis de la mañana. Viajamos en la parte trasera de un tractor, conducido por un viejo agricultor. Traquetea despacio entre las huertas de hortalizas y los árboles frutales. Mantengo la cabeza agachada para no llamar la atención de los soldados turcos que otean el horizonte desde sus atalayas de hierro. A lo largo de las colinas cercanas, semiocultas por el espesor de los pinos, se pueden ver varias de estas garitas de vigilancia. Esas torres metálicas son el último escollo para entrar en Siria. Las observo sin tener muy claro que podamos salvarlas sin ser detenidos o recibir un balazo.

Desde marzo de 2015, las fronteras entre Siria y Turquía están cerradas a cal y canto. Solo hay una forma de cruzar: ilegalmente. Eso significa correr con la esperanza de que no te pillen, no te disparen y no pises una mina antipersona. No es la primera vez que hago esto. La última fue en febrero, hace apenas cinco meses, para entrar a la ciudad de Kobane. En esta ocasión las sensaciones son totalmente diferentes. No tengo un buen presentimiento.

Unos muchachos aparecen desde detrás de unos árboles.

—¿De verdad nos van a cruzar unos niños? —me pregunto a mí mismo en voz alta mirando anonadado a cuatro críos que tenemos plantados delante de nosotros. El mayor no debe tener más de quince y el pequeño no creo que haya cumplido aún los diez.

—Sí —responde el joven del bigotillo fino y los pantalones de camuflaje.

—¡Vamos, no me jodas! —le espeto.

Los chiquillos esperan a que nos decidamos. Están seguros de sí mismos. Nosotros vemos el percal con desconfianza. Vamos a poner nuestras vidas en manos de cuatro adolescentes imberbes.

Tratamos de contactar con Usama por teléfono. No obtenemos respuesta. Una retahíla de preguntas y de dudas me asaltan.

Nos echamos las mochilas al hombro y comenzamos la ascensión por una de las colinas. La maleza y los árboles juegan a nuestro favor. Nos ocultan. Aun así debemos permanecer en absoluto silencio, tal y como nos han insistido los muchachos.

No me lo puedo creer. Aquí estoy. Sudando a chorros. Subiendo una montaña camino de Siria junto a mis dos compañeros. Guiados por cuatro niños. Una locura. Increíble pero cierto.

En mitad de la ascensión, hacemos un pequeño alto. Trato de recuperar el aliento. Tengo el polo empapado. El sudor me resbala por el rostro. Me echo hacia delante y apoyo mis manos en las rodillas. Me duele hasta el alma. Mi mochila pesa cerca de veinte kilos y mi forma física no es la mejor. El sobrepeso no es lo más indicado para este tipo de aventuras. Toso. Trato de tragar saliva. Imposible. Estoy entrando en un país blindado y apenas puedo dar cuatro pasos más. Maldigo el exceso de comida basura, calorías y grasas saturadas que he consumido durante mis treinta y tres años.

—¡Por favor, silencio! —me reprende el mayor de los muchachos.

Es habitual que la gendarmería turca peine estas lomas para evitar la entrada de combatientes extranjeros, impedir el flujo de refugiados o cortar las rutas de contrabando de armas o mercancías al interior de Siria.

—*Yallah, yallah!* —ordena el chiquillo.

El muchacho agarra mi mochila. Se la quito de las manos. Por amor propio y orgullo. Los chiquillos, incansables, cuchichean divertidos observando al orondo occidental.

—¡Eso es Siria! —comenta uno de ellos señalando hacia unos enormes pinos situados frente a nosotros, justo al otro lado de un estrecho sendero.

Alzo la cabeza por encima de los matorrales tras los que nos escondemos y veo la minúscula carretera que separa los dos países. En el suelo, una endeble valla de alambre de espino vencida y pisoteada por miles de personas. Una vía de entrada y salida. A mi derecha, a aproximadamente ciento cincuenta metros, una torre de vigilancia. Es imposible que los guardias allí apostados no vean el flujo de gente que debe cruzar por aquí de manera habitual. ¿Miran a otro lado? ¿Duermen? ¿Les ordenan que hagan la vista gorda? Ni idea. Lo que está claro es que esta pequeña abertura, en una frontera blindada, es uno de los agujeros negros del Gobierno turco en su estrategia para aislar Turquía de su incómodo vecino del sur.

Si nosotros somos capaces de ver a los guardias de la atalaya, ellos nos tienen que ver a nosotros. Si nosotros vamos a cruzar por ahí, por ese lugar por donde estos críos entran y salen como Pedro por su casa, los turcos deben tener conocimiento de la existencia de este paso. Es más, si cruzan refugiados y periodistas, a buen seguro también muyahidines, yihadistas y demás escoria de la que viene a Siria a matar en nombre de Alá. Conclusión: o a los turcos les da absolutamente igual, o alguien hace negocio y se gana un importante sobresueldo permitiendo la entrada y salida de personas y mercancías. Peligrosa estrategia, sobre todo si has pactado con el mismísimo diablo y quienes entran por allí son los tarados de sus acólitos.

—Vamos a cruzar de uno en uno —explica el mayor de los cuatro muchachos—. Corred lo más deprisa que podáis. Si aparecen los gendarmes, corred hacia la valla, porque, una vez que entréis en Siria, ellos no os podrán hacer absolutamente nada. Y si os disparan, ¡corred, corred, corred! Por lo que más queráis, ¡no os paréis! —suplica.

El muchacho clava sus ojos en los míos esperando una respuesta o una señal de que hemos comprendido sus explicaciones. Asiento con la cabeza. Claro que contemplo la posibilidad de que los turcos abran fuego, pero eso no me detiene. En los últimos años he estado a punto de perder la vida en varias ocasiones en distintas coberturas. Asumo los riesgos. De hecho, si fuera un gato, empezaría a preocuparme por todas las vidas que he dejado ya en el camino.

El joven mira en derredor y sale corriendo como un gamo. Cruza la diminuta carretera como alma que lleva el diablo. Salta por encima de la valla y se pierde al otro lado. Nosotros nos miramos. Sale uno, luego otro y por último yo. Me gusta ser el último. Siempre lo he hecho así por superstición y siempre me ha ido bien. Aunque sé que es más fácil que un francotirador perezoso acierte a dar matarile al último que al primero; que tiene más posibilidades de ser detenido el último que el primero. Estadística pura.

El camino se pierde ladera abajo. El corazón se me sale por la boca. No solo por los trescientos metros escasos de carrera, sino por el miedo, la emoción, la adrenalina del momento y la tensión acumulada.

Me detengo a descansar y a recuperar el aliento durante un segundo. Estoy en Siria una vez más, la número 12 en los últimos cuatro años. He estado más veces que cualquier otro periodista del mundo y eso, en parte, me enorgullece. Me levanto, limpio el sudor que me resbala desde la frente hasta la comisura de la boca y sigo descendiendo por el camino entre matorrales e inmensos pinos centenarios.

En medio de la senda encuentro una maleta descuajeringada. La ropa, desperdigada, sucia, hecha jirones. Ropa de hombre, de mujer, de niño… Alguna familia siria ha perdido lo poco que tenía en su huida. Alguien ha preferido dejar todo esto aquí, en el suelo. Ha priorizado salir con vida del infierno, aunque sea con las manos vacías. ¿Dónde estarán los dueños ahora? ¿En Turquía? ¿Camino de Europa en algún endeble barco? Dejo atrás las miserias de una guerra que se ha cebado con los civiles, con los más débiles, para continuar descendiendo.

Uno de los muchachos decide *motu proprio* cargar con mi mochila para tratar de aligerar la marcha. Esta vez no me resisto. Dejé el orgullo junto a mi aliento al otro lado de la valla.

Continuamos en fila india por el pedregoso y polvoriento camino hasta desembocar en un huerto de árboles frutales desde donde podemos intuir el minarete de una mezquita cercana.

—¿Y Usama? —pregunto mientras busco a nuestro contacto entre árboles de granadas.

El joven se encoge de hombros y balbucea unas palabras que no llego a comprender. Repite el nombre. El resto de los chavales imita el gesto. Sin noticias de Usama en un viaje esperpéntico hacia ninguna parte.

Los muchachos solo aciertan a sonreír ante nuestras caras de preocupación. Parecen tomarse la situación a la ligera, casi en broma. A nosotros no nos hace ninguna gracia estar solos y sin hablar el idioma en uno de los países más peligrosos para la prensa. Un lugar donde los cortadores de cabezas pierden el culo por toparse con un occidental. Cualquiera, con una sencilla llamada telefónica, puede avisar y vendernos. Usama nos había jurado que estaría al otro lado de la frontera para recogernos y que él se encargaría de todo. Pero aquí no está.

—¡Escribe al puto Usama y pregúntale dónde coño se ha metido! —grito de muy malas maneras a mi compañero, quien, móvil en mano, manda un mensaje a nuestro contacto.

Solos en mitad de la nada, oyendo una legión de chicharras que rugen a rabiar por el intenso calor. Pienso: «¡Menudo hijo de puta! ¿Qué tipo de inconsciente deja tirados a tres blanquitos en Siria?». Estoy preocupado, nervioso. ¿Dónde se habrá metido?

—¡Está de camino! —responde—. Llegará en unas cuatro o cinco horas. Desde Alepo, tiene que dar un rodeo para evitar los puestos de control del régimen. Pero dice que estemos tranquilos.

—Está de coña, ¿no? ¿Qué pretende? ¿Que nos quedemos aquí de pie hasta que le salga de los cojones aparecer? —digo en voz bien alta. Mi compañero no sabe qué responderme. Me cago en su putísima madre.

—Dice que un amigo suyo está de camino —me interrumpe—. Él viene después con otros que nos harán de escolta hasta Alepo. Dice que se retrasa porque ha tenido que conseguir un salvoconducto de Ahrar al-Sham para poder cruzar por los *checkpoints* del Frente Al-Nusra —hoy Frente Fateh al-Sham, entonces filial de Al Qaeda en Siria— sin problemas. Asegura que estamos en buenas manos y que no nos tenemos que preocupar.

Mi amigo guarda el teléfono en el bolsillo y se encoge de hombros.

¿Escolta? ¿Salvoconducto? Podría haber hecho todos esos trámites en los días anteriores. Esto me parece de todo menos profesional, y lo cierto es que Usama nunca ha trabajado con periodistas dentro de Siria.

Toca esperar. No queda otra. Nos sentamos cerca de un camino polvoriento. El calor es asfixiante. Me muero de sed. No tenemos agua. Tomo mi cabeza entre mis manos. Esperar. Esperar. Esperar. No recuerdo todo el tiempo que he perdido en Siria esperando a que mis enlaces vengan a recogerme. En cuatro años aún no he dado con ninguno puntual.

—*Salam Aleikum!* —nos saluda un hombre de espesa barba y bigote afeitado, prueba irrefutable de su religiosidad, con uniforme militar de camuflaje y pistola al cinto.

—*Aleikum Salam!* —respondemos llevándonos la mano al corazón antes de estrechársela.

Escruto al soldado. Aparenta cuarenta años, aunque tal vez sea más joven. En Siria todos parecen mayores de lo que realmente son. La guerra, el tabaco y el café ponen años sin piedad. No lleva insignias ni bandera. Nos mira con indiferencia, pero con respeto.

—¿Sois los periodistas? —pregunta al fin después de un silencio breve pero eterno.

Asiento con la cabeza al tiempo que resoplo de puro nerviosismo. Sabe quiénes somos. Es un paso, aunque en un lugar como este no puedes, o al menos no debes, fiarte de nadie. Por un puñado de dólares, son capaces de vender a su propia madre. Y en su situación, ¿quién no estaría tentado de vender a tres incautos occidentales a alguna de las facciones que operan por esa zona? Un negocio redondo con riesgo mínimo.

—¿Nos vamos? —quiere saber mientras mira las tres bolsas y el escaso equipo que traemos.

—¿Eres amigo de Usama? —le pregunto.

—¿Quién es Usama? —inquiere sin que le tiemble la voz.

¿Cómo que quién es Usama? ¡De puta madre! ¡Vamos de mal en peor! Aparece un tipo con uniforme militar que supuestamente viene de parte de nuestro contacto y no sabe quién es nuestro contacto. Esto no ocurre ni en las películas de los hermanos Marx ni en la guerra de Gila: «¿Es el enemigo? Pues que se ponga…».

—Ahora es cuando nos secuestran —dice uno de mis compañeros tratando de quitarle un poco de hierro al asunto.

—¿Hablas inglés? —pregunto obviando el comentario de mi amigo.

—No.

Mi árabe de cincuenta palabras desde luego no da para mantener una conversación con este hombre. Estamos jodidos. Imagino que el tipo se está dando cuenta de nuestra preocupación mal disimulada. No podemos dar marcha atrás y volver a Turquía ni quedarnos aquí de pie esperando. No tenemos muchas más opciones, así que nos despedimos de los niños y seguimos al hombre con pantalones de camuflaje hacia su coche. Sin saber quién es, sin preguntar, sin idea de adónde nos dirigimos, como un rebaño de ovejas sigue a su pastor.

Usama

El hombre arranca la marcha. En el camino, en mitad de una llanura en algún lugar en la provincia de Idlib, saluda por la ventanilla a un soldado, Kalashnikov en ristre, sentado en una silla, embozado en un pasamontañas de color negro. Tras él, ondea la bandera del Estado Islámico.

—Este tipo es de Dáesh —comenta nuestro nuevo cicerone al volante de un viejo sedán color negro.

La sola mención a los acólitos del califato produce pavor. Ese atuendo me recuerda al que llevaba John el Yihadista cuando ejecutó a mi amigo James Foley en agosto de 2014. Trago saliva. Miro al conductor y, por el espejo retrovisor, observo cómo la figura del sujeto se va haciendo cada vez más pequeña a medida que el coche se aleja. Caer en manos de esa panda de tarados es sacar un billete al mismo infierno. Torturas. Palizas. Una muerte segura rodada al más puro estilo de Hollywood.

Sin duda la bandera tiene el logotipo del grupo liderado por Abu Bakr Al-Baghdadi. Pero ¡no puede ser! ¡Imposible! Estamos en la provincia de Idlib, bastión de Al-Nusra en Siria, y los yihadistas afines a Al Qaeda están en guerra contra Dáesh. Antes de venir he chequeado todos mis contactos y me han asegurado que el Estado Islámico no está en esta región. No creo que me hayan mentido, pero ver ese trapo negro acelera mi corazón.

—¿Estado Islámico? ¿Dáesh? —pregunto acojonado sin estar seguro de querer obtener respuesta.

—¡No! —ríe—. Ejército libre. Aquí a los de Dáesh los matamos —afirma mientras se pasa el dedo anular por la garganta por si acaso no le entendemos.

Esa respuesta no me tranquiliza en exceso. Para los sirios todos los grupos que combaten contra el régimen autocrático de Al Assad son ejército libre. En esa amalgama y popurrí de grupos, cada uno hijo de su padre y de su madre, incluyen, entre otros, a Al Qaeda.

Según vamos atravesando puestos de control, nos encontramos con más y más soldados vestidos con la indumentaria afgana de múltiples colores, y, junto a ellos, las banderas negras. Su moda, al menos en lo que a vestimenta se refiere, está calando hondo entre los grupos que combaten a Al Assad. Es casi viral. Los civiles, por su parte, también están orgullosos de mostrar los símbolos del contrario en el capó de los coches o en los frontales de sus motocicletas. Cuanto más nos adentramos en Siria, más me percato de lo que ha cambiado el país desde mi último viaje a Alepo, en junio de 2014.

Sin intercambiar muchas palabras —mi árabe no da para muchas florituras—, llegamos a una casa abandonada en un pueblo perdido en las montañas de Idlib. Es una localidad fantasma. Quizá por el Ramadán o por el intenso calor. Tal vez por los combates en la cercana localidad de Yisr al-Shugur —recientemente liberada por los milicianos de Al Qaeda— o por los intermitentes bombardeos del régimen contra poblaciones cercanas. Puede que por una mezcla de todo, pero lo cierto es que no hay ni un alma en las calles. Tan solo gatos callejeros dormitando a la sombra de los edificios o rebuscando en la basura algo para combatir el hambre.

El hombre que nos ha traído hasta aquí hace una llamada telefónica mientras me mira sonriente. Acto seguido, tres personas salen de una casa próxima. Dos son jóvenes; el tercero es algo mayor. Nuestro conductor se baja del coche y los saluda efusivamente. Nos hace un gesto para que bajemos también del vehículo. Hacemos lo propio e intercambiamos saludos. Uno de ellos se adelanta y nos abre la cancela metálica que da acceso a la casa. Se trata de una vivienda modesta, típica del norte de Siria. Consta de un par de habitaciones y un baño. Resulta evidente que hace años que aquí no vive nadie. No solo por el polvo que se acumula en el suelo, sino por los muchos enseres apilados en la habitación del fondo. La cama de matrimonio está llena de cajas, mantas, ropa, cosas que nadie se molestó en recoger antes de salir corriendo. Debían ser agricultores, ya que la entrada principal está llena de maquinaria agrícola, aperos de labranza y barriles de gasolina.

Nos conducen a una de las habitaciones. Es pequeña y tiene la ventana enrejada. Hay varios colchones en la estancia. Dos contra la pared y otro en el suelo. El hombre toma el ejemplar del Corán que está apoyado en uno de ellos, lo besa y lo guarda en una funda de ganchillo hecha a mano.

—Usama está en camino. Dormid un poco —nos sugiere uno de los dos muchachos más jóvenes haciendo gestos con las manos.

El conductor me estrecha la mano con fuerza para despedirse. Los otros tres también se marchan y nos dejan solos en el interior de la casa. Han cerrado la puerta exterior con llave. No hay forma de salir de aquí. No quiero ser paranoico, pero esta situación no me gusta. La puerta trancada y las ventanas con barrotes. Y Usama, ese al que todos conocían y nombraban para tranquilizarnos, sin aparecer.

No puedo dormir, de modo que empiezo a husmear por la casa. La habitación grande es un ejemplo claro de lo que las personas somos capaces de acumular durante años y que, a la hora de la verdad, no necesitamos para nada. La familia que vivía aquí cogió lo imprescindible antes de huir lejos de los bombardeos. Algunas fotografías, pocas, están colocadas en el espejo de la habitación, muy al estilo sirio. Voy hasta la cocina. Platos amontonados y sin lavar en la pila y una nevera apestosa en la que prácticamente no hay nada más que una bolsa de dátiles, varias latas y comida podrida.

Como un par de dátiles tras comprobar que están en buen estado y que el moho no campa por ellos a sus anchas. Me parece genial que los musulmanes guarden ayuno durante el Ramadán, pero yo tengo un hambre atroz. Tiro los huesos por la ventana para deshacerme de las pruebas del delito. No se ve nadie en la calle. Regreso a la que es nuestra habitación y compruebo que mis dos compañeros duermen profundamente. Como no hay nada mejor que hacer, los imito.

Me despierta de forma súbita el motor de un coche. Al apagarse oigo varias voces masculinas. Un portazo. Ruido de pasos. Los hombres golpean con fuerza la puerta metálica de la casa. Miro a mis compañeros, que dan un respingo, tan sorprendidos o asustados como yo. Me levanto y camino hacia la entrada. El corazón me late a mil por hora. Miro hacia el exterior por entre los barrotes de la cancela y veo a varios tipos con vestimenta civil. No reconozco sus caras. De pronto, del interior de la furgoneta sale una última persona.

—¡Usama! —exclamo—. ¡Joder, Usama! ¡Eres tú! —grito.

Cuando el hombre mayor abre la puerta, me abalanzo sobre él para abrazarle y darle tres besos, como es costumbre en Siria. Nunca me he alegrado tanto de ver a alguien. Ha cumplido su palabra. Aquí está este cabronazo. Nos presenta a sus acompañantes como amigos de la infancia. Los saludo mientras los miro incrédulo. ¿Una panda de treintañeros, vestidos de civiles y totalmente desarmados son los que nos van a escoltar hasta Alepo? ¿Va a sacar esta gente la cara por nosotros cuando nos detengan en un puesto de control de Al-Nusra? ¿Son ellos los que nos van a proteger de Dáesh? ¿Con palabrotas o cortes de manga?

Aparco las muchas preguntas que vienen a mi mente. Lo importante ahora es que Usama está aquí para cumplir lo prometido, aunque no haya ni rastro de la escolta armada.

—Nos vamos. No podemos llegar de noche a Alepo. Los caminos son muy peligrosos —comenta Usama para apremiar a mis dos amigos, después de saludarlos—. Nos han detenido en varias ocasiones de camino aquí. Tenéis que pasar por sirios. Antonio, quítate las pulseras y escóndelas en tu mochila —me ordena.

Soy muy supersticioso, lo reconozco. Me molesta la idea de desprenderme de mis pulseras, hechas a mano por mi madre. Pero hago caso a nuestro traductor, lo que en periodismo se conoce como *fixer* porque está en juego nuestra seguridad.

—He pensado que lo mejor para pasar desapercibidos es viajar en esta furgoneta y hacernos pasar por un autobús que cubre la ruta entre las ciudades de Idlib y Alepo —nos comenta mientras tomamos asiento en el interior del vehículo—. Mis amigos irán en los asientos delanteros —explica—. Si nos encontramos con retenes de Al-Nusra por la carretera, será más fácil que nos dejen continuar sin detenernos si los ven a ellos sentados delante. Si os vieran a vosotros, tendríamos un problema. No hagáis fotos. No saquéis las cámaras en todo el trayecto. Y si nos paran, no habléis. Dejadme a mí.

—Si nos paran, ¿qué hacemos? —pregunto.

—Si eso ocurre, tenemos esto —contesta Usama mientras saca un papel del interior de su cartera. Me muestra un trozo de papel escrito a mano en árabe. Solo consigo entender nuestros tres nombres, nuestros números de pasaporte y el sello de Ahrar al-Sham plasmado en la parte inferior—. Es un salvoconducto firmado por Abu Usama al-Shami, líder militar de Ahrar al-Sham en la ciudad de Alepo —asegura mientras recoge el documento y lo vuelve a poner a buen recaudo—. Estáis bajo la protección del grupo y nadie os pondrá la mano encima. Son aliados de Al-Nusra y los otros grupos rebeldes les tienen un gran respeto. Creedme, nadie os hará absolutamente nada —repite al ver mi cara de desconfianza.

—¿Seguro? —insisto.

—Antonio, tranquilo. Estáis en buenas manos. Conmigo no os va a pasar nada. Confía en mí. Yo no vendo periodistas —sentencia recostándose sobre su asiento.

Sin más, se coloca los auriculares para escuchar música y cierra los ojos. Yo suspiro y trato de calmarme. En total, somos ocho personas. Corremos las cortinas para tapar las lunas.

Iniciamos el viaje. De vez en cuando, me atrevo a mirar por la ventanilla para ver el paisaje de tonos dorados y anaranjados.

Ya no hay vuelta atrás. Nuestro destino nos espera tras la siguiente curva.

Divisamos Alepo cuando ya ha caído la tarde. La silueta de la que fue el motor económico de Siria, la segunda ciudad más importante del país después de la capital, Damasco, ha cambiado desde mi última visita en mayo de 2014.

—¡Alepo! —grita Usama señalando el *skyline* de la ciudad.

Su tono de voz denota alegría. Hemos conseguido sortear varios puestos de control del Frente Al-Nusra. Nadie nos ha dado el alto en todo el camino. Increíble. Usama y sus amigos lo celebran. Nosotros también, aunque sin muchos aspavientos. Hemos logrado llegar. Ahora tenemos que aguantar dos semanas y luego salir de Siria.

Las bombas de barril lanzadas por la aviación de Bachar Al Assad han convertido en polvo y escombros centenares de edificios. No hay vivienda, bloque de pisos, tienda o inmueble de oficinas que no se haya visto afectado por las ondas expansivas de las bombas o por la metralla. Cerca del 70 por ciento de los edificios presentan daños. Aun así, hay vida en las calles. Supongo que la gente se acaba acostumbrando a vivir en una ciudad en guerra, aunque parezca inconcebible.

La furgoneta enfila una de las principales arterias de la ciudad. Es Ramadán y al caer el sol la gente comienza a dejarse ver. Vendedores de kebab, la carne a la brasa típica de los países árabes, inundan la vía de humo. Los generadores rugen con fuerza. Tímidas bombillas de colores empiezan a encenderse. La ciudad regresa a la vida.

—Durante todo el día los civiles permanecen en sus casas debido al calor. Aprovechan esta hora para salir a comprar comida y romper el ayuno —comenta Usama—. El régimen lo sabe y es cuando intensifica sus bombardeos sobre la ciudad. Por la mañana también castigan. Aprovechan los momentos en los que la gente sale a la calle para matar a cuantos más mejor —sentencia con resignación.

En Alepo los civiles sufren el peor castigo. Como en todas las guerras del siglo XXI, se llevan la peor parte. Primero fueron los bombardeos contra panaderías, hospitales y mercados. Ahora los barriles de TNT, capaces de hundir edificios de hasta ocho plantas. Mañana serán cortes en el suministro de agua. Y así hasta que no quede nadie en la ciudad. Al Assad ha hecho suya la mítica frase del emperador romano Calígula: «Que me odien con tal de que me teman».

Los rebeldes no son mucho mejores. Usan a los civiles como escudos humanos con la esperanza de que así mermen los bombardeos indiscriminados sobre la ciudad, cosa que no ocurre.

La mayoría de los que aún resisten lo hacen porque no tienen otra opción. Huir hacia Turquía cuesta dinero. Una vez allí, irán a un campo de refugiados junto con miles de personas. Las condiciones son horribles, sobre todo en invierno, cuando se alcanzan temperaturas bajo cero. Otros prefieren embarcarse en endebles pateras y tratar de llegar a las costas de Grecia y de allí, caminando, hasta Europa central. Los que deciden quedarse en Siria lo hacen a sabiendas de que todos los días se juegan la vida. Cada día cuenta y mañana puede ser el último.

Sea cual sea su decisión final, su vida está en juego. Desde el inicio de la guerra siempre me ha sorprendido la dignidad de este pueblo.

En la ciudad, sin embargo, yo me siento seguro. O al menos eso me hago creer. Sé que a menos de cinco kilómetros, en la zona industrial, está el Estado Islámico y que hay otros muchos grupos de corte yihadista que se han subido al carro de los secuestros para sacar tajada. Sé que cientos de ojos nos observan y que cualquiera, con una simple llamada de teléfono, nos podría vender. En este momento solo pienso en que he conseguido llegar sano y salvo. Es una falsa tranquilidad, pero a mí me sirve.

Llegamos al barrio de Sayf Al-Dawla, en el este de la ciudad. Lo conozco bien. He pasado gran parte de la guerra aquí; es como mi segundo hogar. Casi no soy capaz de reconocerlo. Está machacado por la aviación. Ya no está el colegio de la esquina en cuyo patio oía jugar a los niños cada mañana. Tampoco la tienda de pollos asados donde compré la cena de Navidad en 2012. Como casi todos los comercios, cerró.

Quedan pocos vecinos. La mayoría son soldados rebeldes que han ocupado casas vacías. Entran en las viviendas de las personas que huyen prácticamente con lo puesto, y se apropian de ellas. En algunas ocasiones, pocas, algunos civiles vuelven y se encuentran con guerrilleros campando por el salón de su casa. Algunos se marchan sin rechistar; otros se encaran con los soldados y se van con las manos vacías y la cara del revés.

Vuelven porque saben que vivir cerca de primera línea tiene inconvenientes, pero también ventajas. Siempre estás a tiro de la mira telescópica de un francotirador, pero no hay posibilidad de sufrir ataques aéreos porque las tropas del régimen están demasiado cerca.

Usama nos ha provisto de un piso en los bajos de un edificio resguardado de primera línea de combate. Según nos dice, la casa es propiedad de su tío. Tiene luz y agua corriente durante las tres horas al día que funciona el generador. Hace años que la ciudad sufre escasez de luz eléctrica y los civiles pasan más tiempo a oscuras que iluminados. Este lugar va a convertirse en nuestra base de operaciones. Desde aquí trabajaremos y enviaremos nuestras crónicas a los medios con los que hemos apalabrado los reportajes.

Una vez instalados, Usama se despide de nosotros. Quedamos en vernos a primera hora del día siguiente para empezar a trabajar. Tengo ganas de hacer periodismo, de hablar con la gente, de sentir, de oler, de observar, de poner todos los sentidos en mi trabajo.

Me tumbo en la cama. Estoy cansado. Los viajes me agotan en general, pero este ha sido particularmente intenso. Puedo oír el ruido de los aviones que sobrevuelan la ciudad. También el de las ametralladoras que escupen muerte sin parar. ¿Por qué siempre combaten por la noche? ¿Es más fácil matar cuando no ves lo que tienes enfrente? Cierro los ojos y duermo.

Abu Hamza

Tal y como habíamos acordado, en la mañana nos encontramos. La brisa matutina barre el polvo acumulado en las avenidas. Los constantes bombardeos han convertido la ciudad en una inmensa polvareda que lo inunda absolutamente todo.

Al avanzar por las avenidas, pueden verse banderines con el anagrama del Estado Islámico. Deben llevar tiempo porque están ya raídos por las inclemencias meteorológicas. Sin embargo, nadie se ha preocupado de descolgarlos, quizá porque esperan el regreso de los milicianos o tal vez porque no quieren olvidar que estuvieron y los expulsaron.

Entre sombras comienzan a aparecer docenas de mujeres ataviadas de negro que recorren las calles. Van en busca de algo de pan. Son las viudas de Alepo. Mujeres que han perdido a sus maridos, hermanos o hijos durante la guerra y que no tienen más opción que acudir a la caridad para llevarse algo a la boca.

En Alepo no hay gente que muera de inanición. Siria dista mucho de ser África. Pero hay necesidad, mucha necesidad. Llevo años cubriendo esta guerra y no recuerdo a los sirios tan al límite. La contienda se alarga y los civiles empiezan a encontrarse entre la espada y la pared.

—¡Por favor, necesito pan para alimentar a mis hijos! —exclama una mujer mayor que oculta su cuerpo tras una larga túnica negra. Alarga la mano para pedir limosna o comida. Hace gestos implorando algo para alimentarse. Sus ojos acuosos delatan su desesperación. Su marido murió combatiendo. No cobra pensión alguna y tiene a su cargo a siete hijos y un nieto, el hijo de su hija mayor, también viuda. He perdido la cuenta de todas las vidas que he visto segadas por esta maldita guerra.

Usama la toma por el brazo y la acompaña hasta una pequeña oficina situada en el barrio de Sukkari. Allí una veintena de mujeres hacen cola en silencio con la cabeza gacha. Aguardan su turno estoicamente para que, a través de una ventana, les den una bolsa con nueve obleas de pan, totalmente gratuito siempre y cuando presenten la cartilla que las acredita como viudas.

Aquí conocemos a Abu Hamza, amigo de la infancia de Usama. Es uno de los encargados de llevar cada mañana los víveres para el reparto. Desde el principio, este sirio de espesa barba negra y eterna sonrisa se muestra muy afable con nosotros. No debe tener más de veinticinco años y es padre de una niña, de nombre Mariam. Ha dejado de combatir para unirse a una ONG saudí que ayuda a los más necesitados. Se ofrece a ayudarnos con los reportajes. Tiene contactos y un coche para movernos. Esto es importante. Ir caminando por la ciudad es un suicidio y no nos apetece perder tiempo regateando con los taxistas. Además, en caso de tener que salir corriendo, un coche puede ser vital. Usama nos había prometido que un vehículo nos iba a esperar en la puerta cada mañana, pero lo cierto es que no tenemos coche, de modo que Abu Hamza, con su viejo camión, se nos presenta como la mejor opción.

—¡Bachaaaarrrr! ¡Bachaaarrr, yo te maldigo! —grita un hombre desesperado mientras mira al cielo en busca de una estela.

Gente que grita, gente que corre, dolor, desesperación, muerte. Un avión del régimen acaba de lanzar un barril explosivo que ha hundido un edificio de viviendas. Los voluntarios, con sus inconfundibles cascos blancos, se afanan en buscar supervivientes bajo los escombros. Rescatan vidas de las mismas garras de la muerte.

Este es el pan de cada día. Aviones que sobrevuelan la ciudad. Bombas que caen al tuntún sobre la población civil. Echo un rápido vistazo a mi alrededor hasta toparme con ella. Me recuerda un pasaje de *El Jardinero fiel* de John le Carré, el libro que leía antes de venir. «Era la única que no lloraba. Mantenía el semblante expresivo que los occidentales confunden con hosquedad o indiferencia, pero no era ni lo uno ni lo otro. Era familiaridad. En esto consiste la vida. Esto es dolor y odio y gente asesinada...»

Su semblante es pétreo. Busca a su hijo bajo los escombros. Su marido sí se lleva las manos al rostro para enjugarse las lágrimas. Ella no. No articula gesto alguno. Decidimos no detenernos en su drama y continuamos nuestro camino. Hay mucho que hacer antes de ir a casa de Abu Hamza para romper el ayuno con él y su familia.

A las ocho de la tarde el muecín llama a la oración. Se acaba el ayuno del Ramadán por lo menos durante unas horas. Abu Hamza prepara comida: pollo, cordero, hígado asado, patatas y berenjenas fritas. Un banquete de reyes acompañado de toda clase de bebidas gaseosas. Los sirios siempre agasajan a sus invitados, aunque al día siguiente tengan que pasar hambre por no tener nada que llevarse a la boca.

Nos sentamos alrededor de una mesa de cristal y, tras dar gracias a Alá por los alimentos, comenzamos a cenar. Abu Hamza y Usama recuerdan sus tiempos en el colegio. Hablan distendidamente y de vez en cuando nos hacen partícipes de sus confidencias. El otrora guerrero rebelde busca una foto antigua donde posa en plan galán de telenovela venezolana con pelo engominado y cara rasurada sobre fondo de flores y un horroroso campo verde. Muy al gusto de los sirios. Un joven normal y corriente al que la guerra cercenó el futuro, los sueños y las ilusiones.

En la sobremesa, ya en la terraza, continúan los agasajos. Pipas de girasol y calabaza, té e incluso un narguile, la pipa de agua árabe. La casa no es nada modesta para ser de un sirio de clase baja, como él mismo se califica.

La calle está prácticamente desierta. Solo quedan los vendedores de comida y algunos jóvenes que van hacia los cibercafés en busca de conexión a internet y de pasar un par de horas entre sus iguales. Fuman. Chatean. Beben té. En definitiva, ven pasar la vida.

Es noche cerrada. A lo lejos se distinguen los fogonazos de los combates. Se oye alguna que otra explosión de los barriles de TNT que caen a plomo. Abu Hamza entra en la casa y aparece junto a su hija. La pequeña Mariam nos observaba entre tímida y divertida, curiosa y asustada. No dudo ni un segundo y la tomo en mis brazos. Me encantan los críos. Yo no debo encantarle a ella porque inmediatamente rompe a llorar. El sirio le hace monerías para que se calme hasta que da la batalla por perdida y se la devuelve a su madre.

La mujer de Abu Hamza está dentro de la casa. Ha pasado todo el tiempo en otra habitación, escondida de nosotros. Ha comido aparte. No podrá salir hasta que nos marchemos. No me sorprende. Los sirios son muy conservadores. Ningún hombre que no sea de su familia puede ver a su mujer. Ni siquiera sus propios amigos.

Una de las cosas que más me sorprendieron de Alepo la primera vez que vine fueron los toldos que cubren el perímetro de las terrazas. Su función no es proteger del sol, sino que las mujeres puedan salir al balcón sin que nadie las vea. Es una falacia eso de que los sirios son una sociedad laica. Puede que, en ciudades como Damasco, donde hay muchos cristianos y alauitas, confesión religiosa a la que pertenece Al Assad, sean más abiertos, pero en el resto del país se impone una tendencia conservadora que llega a alcanzar límites insospechados. Recuerdo un desayuno en una casa de Taftanaz, un pueblo de la provincia de Idlib, en que las mujeres tuvieron que conformase con las sobras que dejamos.

—¿Os puedo hacer una foto? —pregunta nuestro anfitrión con amabilidad, móvil en mano.

—Claro, siempre y cuando no la subas a las redes sociales —respondo.

Ayer Usama hizo una foto en la furgoneta y cometió la imprudencia de colgarla en Facebook para que todo el mundo pudiera verla. Le gusta presumir de acompañar a tres periodistas extranjeros. Ese acto revela su poca profesionalidad. A nadie en su sano juicio se le ocurriría hacer una fotografía y subirla a las redes sociales para que se sepa que estamos en Siria. Tratamos de mantener un perfil bajo y de no llamar la atención, y lo primero que hizo fue subir una foto nuestra a Facebook. Puso una diana sobre nuestras cabezas al alertar a todo el mundo. Le pedí, en varias ocasiones, que la borrase. Me juró que lo había hecho.

—Tranquilo, es para mí —asegura Abu Hamza.

—Entonces sí, claro que puedes hacerte una foto con nosotros —le digo, y le indico con la mano que se acerque.

—No, no. La foto solo es de vosotros tres —nos dice.

—Pero no la vas a subir a Facebook, ¿verdad?

—No.

Nos acercamos los tres; posamos sonrientes y esperamos a que salte el *flash*. ¡Listo! Sonríe mientras nos enseña la instantánea. ¡Muy guapos! Todos contentos, seguimos a lo nuestro, que no es otra cosa que comer pipas y fumar.

—Mañana Abu Hamza vendrá a buscarnos en un coche más discreto para que nos podamos mover por la ciudad vieja de Alepo —nos comenta Usama mientras recorremos las calles desiertas—. Es un buen tipo. Lo conozco desde hace años. Me ha dicho que el dinero no es un problema. Que nos quiere ayudar a cambio de que le paguemos la gasolina.

¿El dinero no es problema? Es la típica frase de los sirios. Me la han repetido por activa y por pasiva durante los últimos cuatro años. «Soy un buen musulmán y no me interesa el dinero», me dijo recientemente el bueno de Usama. Ninguno quiere dinero, pero al final todos acaban poniendo la mano para que aflojes.

—¿Te fías de él? —pregunto algo desconfiado.

—Sí, claro. Es mi amigo.

¿Eso es garantía suficiente? Posiblemente no, pero no nos queda otra.

Miro a Usama de reojo. Parece un niño que disfruta con todo esto. Para él no es más que un juego; un chute de adrenalina; algo para presumir con los colegas *a posteriori*. No es consciente de que nosotros arriesgamos la vida. Es posible que, si a él lo pillan, lo liberen a los pocos días. Pero a nosotros no. Literalmente, nos jugamos la cabeza.

Antes de dar por terminada la noche, tenemos que hacer una última parada. El líder de Ahrar al-Sham nos quiere conocer. Usama nos guía hasta el cuartel de este grupo rebelde, situado en el este de la ciudad.

—¿Cristianos? —pregunta Abu Usama al-Shami mientras nos mira fijamente.

—Sí —afirmo después de dar un sorbito al humeante té que nos ha servido uno de sus hombres antes de dejarnos a solas con él en su oficina.

—¿No os queréis convertir al islam? Es una buena religión. Parecéis buenas personas y quiero lo mejor para vosotros —comenta sonriendo—. Yo soy musulmán y por eso me gustaría que vosotros también lo fueseis. Lo bueno que tengo yo se lo deseo a los demás…

Abu Usama al-Shami es quien ha firmado nuestro salvoconducto para cruzar los puestos de control de Al Qaeda. Es uno de los líderes del grupo rebelde Ahrar al-Sham (Movimiento Islámico de los Hombres Libres de Levante), la misma unidad militar que, según Usama, nos debería haber proporcionado seguridad en Alepo; la escolta que jamás vimos.

Este hombre, de cabeza rapada, espesa barba de un palmo de longitud y bigote rasurado, al estilo islámico, trata de hacernos entender que la religión que él profesa es la verdadera. Su intención es que veamos la luz. Convertirnos al islam para que vayamos al Paraíso cuando nuestros días toquen a su fin. No es el primero que nos lo propone. En los últimos años, me han preguntado por mis creencias religiosas en múltiples ocasiones. Después de mi nombre y mi equipo de fútbol, siempre es la siguiente cuestión que sale a relucir. Incluso me han negado la mano por no ser musulmán y ser «impuro». La tolerancia no es precisamente lo que define a los radicales islámicos.

Él, sin embargo, sí me ha estrechado la mano al entrar. Se ha sentado a mi lado y está dispuesto a hablar conmigo.

—¿Puedes darle las gracias por su hospitalidad y por dedicarnos unos minutos? —le digo a nuestro traductor en cuanto puedo hacer un inciso en la conversación—. Dile también que nos gustaría hablar sobre la situación de Alepo y no solo sobre religión.

Usama traduce palabra por palabra. Miro al líder de la unidad militar con la esperanza de que no se ofenda. No quiero causar un mal efecto. No es mi intención faltarle al respeto, pero tampoco me apetece entrar en un debate sobre las diferencias entre nuestras religiones y sobre lo bueno y maravilloso que es ser musulmán.

Abu Usama al-Shami asiente con la cabeza mientras me mira. Sonríe tímidamente. No le ha gustado nada el cambio de tercio, pero acepta de buena gana.

Lo que realmente me interesa de este tipo son los vínculos militares de su grupo con Al Qaeda. «Los necesitamos para frenar las acometidas del régimen de Assad. Son buenos guerreros y tienen mejores armas que nosotros. Si queremos ganar la guerra, deben estar a nuestro lado. Pero Siria será de los sirios», sentencia el uniformado demostrando que no tiene pelos en la lengua y que no le cuesta admitir que los milicianos de Al Qaeda combaten a su lado.

«En Siria hay muchos intereses en juego. Todos los grandes países tienen sus fichas sobre nuestro tablero. Rusia, Irán, Estados Unidos, Francia, Qatar, Arabia Saudí, Turquía... Las grandes potencias dan muchísimo dinero y armas. Todos los grupos deben lealtad a una de estas potencias y cada uno tiene su propia agenda. Sin interferencia internacional, la guerra se habría acabado hace años. Pero esto es un reino de taifas. Quien hoy es tu enemigo mañana es tu amigo y viceversa. Solo debemos lealtad a aquellos que nos subvencionan la guerra. Por eso estamos en esta situación. Estancados sin poder hacer nada. Llevamos años sin que haya movimiento en los frentes de Alepo. Nuestros soldados se aburren en las trincheras. Disparamos al tuntún y aguantamos los bombardeos. Pero el régimen no se atreve a hacer una incursión terrestre sobre nuestras posiciones. Saben que eso sería un fracaso para ellos, y nosotros estamos demasiado divididos para aunar esfuerzos y atacar en grupo. Ya no sé cómo acabará esta guerra. Aunque, *inshallah* ("si Alá quiere"), ganaremos nosotros», afirma.

Esta revelación me parece sublime. Es por todos conocida la injerencia de países extranjeros en Siria, pero es la primera vez que alguien me habla así de alto y claro. Este hombre, que pasó cinco años en una cárcel del régimen, torturado un día sí y otro también, no se anda con medias tintas. Su discurso es contundente. «Antes de entrar en prisión no era un buen musulmán. Estar allí cambió mi vida. Las palizas y las torturas diarias forjaron mi carácter. Fue en esas condiciones como encontré a Alá. Solo los tenía a Él y el Corán. Lo leía todos los días. Lo mismo les ocurrió a mis compañeros. Hemos esperado pacientemente nuestro momento para cobrarnos venganza», sentencia sin pestañear.

Assad se encargó de forjar el odio en el corazón de los sirios durante décadas, y ahora está recogiendo todo ese «cariño» en forma de una guerra fratricida. Es lo mismo que ocurrió en Libia. Gadafi acogió con los brazos abiertos a todos los presos de Guantánamo que le envió Estados Unidos. Los norteamericanos le prometieron que estaban rehabilitados y fueron ellos los que se levantaron en armas contra el sátrapa libio hasta derrocarlo.

Ahora pasa lo mismo. Las facciones más radicales sirias han aguardado con tesón hasta poder alzarse contra el dictador. Han aprovechado la revolución pacífica del pueblo para acabar secuestrándola en su beneficio. Todo es una gran farsa.

Me marcho con una sensación agridulce. Por un lado, contento por las revelaciones de Abu Usama al-Shami; por otro, decepcionado al pensar que, realmente, las facciones rebeldes miran por su propio interés y no por el pueblo sirio y su futuro. ¿Ha sido mejor luchar por esa «libertad» que continuar bajo el puño de hierro de un dictador? Empiezo a tener mis dudas.

La traición

Abu Hamza llega a recogernos, tal y como prometió, en un sedán de color rojo vino. Comenzamos el día con una discusión por dinero. Empieza pidiendo cincuenta dólares por día para pagar la gasolina y, después de un tira y afloja, acaba aceptando veinte. Cerrado el trato, nos disponemos a recorrer el casco histórico y monumental de la ciudad habitada más antigua del mundo.

—¿Cuánto valen vuestras cámaras? —me pregunta a bocajarro Usama, mientras mis dos compañeros inspeccionan el interior de una antiquísima mezquita dañada por la artillería del régimen.

—¿Por qué lo quieres saber? —pregunto a mi vez.

—Me tengo que comprar una.

—No son muy buenas. Bastante baratas —miento—. Unos mil quinientos dólares cada una. Somos *free lance*, ¿recuerdas? No podemos invertir mucho dinero en equipos buenos —respondo tratando de zanjar el asunto.

—¡Muchas gracias, Antonio! Eres una buena persona. Cuidaré solo de ti —me dice.

Aquella puntillita me mosquea sobremanera. Más, incluso, que me pregunte el precio de las cámaras. Pero él parece haberse quedado satisfecho con mi respuesta y se marcha al lado de su amigo, quien en ese momento le explica a mis compañeros la historia de la mezquita. Junto a ellos, un tercer sirio, un antiguo guía turístico que nos orienta entre las enrevesadas callejuelas del casco antiguo. Cuando tengo un momento, les cuento la conversación a mis compañeros. Le restan importancia.

—Tenemos que continuar. Aún tenemos que visitar la mezquita omeya y el antiguo bazar. Están al otro lado de la ciudad. Debemos dar un rodeo importante y para eso vamos a coger el coche. ¿Te parece? —me apremia Usama.

Asiento. Quiero ver la situación de esos dos lugares tan emblemáticos para darle empaque al reportaje e intentar dar otro enfoque a una guerra de la que se ha contado prácticamente todo. Sospecho que quedará poco o nada. El bazar fue pasto de las llamas en octubre de 2012 y la mezquita lleva mucho tiempo sufriendo los bombardeos, los combates, los estragos de la guerra.

Subimos al coche. Ellos van delante y nosotros, en la parte trasera. Llevamos las ventanillas bajadas por el calor. Para pasar desapercibidos, escondemos las cámaras y cada vez que pasamos por puestos militares agachamos la cabeza.

Visto desde fuera, el nuestro no es más que otro vehículo que se mueve por la ciudad. No llamamos la atención para nada. Nada hace sospechar que somos periodistas.

De pronto, nuestro conductor se detiene en una esquina y asoma la cabeza y medio cuerpo por la ventanilla. Al reanudar la marcha, de la nada, aparece una furgoneta que se cruza delante de nuestro vehículo y nos impide el paso. Nos estaban esperando, sin duda alguna.

Abu Hamza no reacciona. No hace nada. Ni siquiera trata de meter la marcha atrás para escapar. Seis hombres armados con Kalashnikov y una ametralladora PKM amartillan sus armas y apuntan hacia nuestro coche mientras gritan, en árabe, para que bajemos.

Visten al estilo afgano, con *salwar kameezes* como los que tantas veces he visto en Afganistán y Pakistán y de los que yo mismo tengo una réplica en mi casa. Llevan pasamontañas de diferentes colores. También chalecos con varios cargadores de munición. El corazón me da un vuelco. «Estamos muertos», pienso. El Estado Islámico. Es lo primero que se me pasa por la cabeza.

Rodean el coche, abren las puertas y nos encañonan para obligarnos a salir lo más rápido posible. Un miliciano le pone la mano sobre el hombro a Usama y este cae desplomado. Ni Figo habría fingido tan bien un penalti.

Yo salgo el último, aferrado a la bolsa en la que llevo la cámara, con las manos en alto para demostrar que no tengo intención de oponer resistencia. No hay escapatoria. Dos hombres cubren cualquier posible huida por detrás y otro, a mi derecha, me apunta con el fusil de asalto. Ni loco ni borracho saldría corriendo ni trataría de quitarle el arma.

Esposan y encapuchan a mis compañeros, no así a mí. De pronto, siento un culatazo en la espalda para que camine rápido. Nos empujan al interior de la furgoneta y cierran la puerta de golpe para arrancar de un acelerón. Nos acaban de secuestrar en una calle céntrica, a plena luz del día y sin que nadie haya tratado de ayudarnos.

—¡Callaos! ¡Callaos! —grita uno de ellos en inglés.

No abrimos la boca. Se gritan entre ellos, los unos a los otros. Parecen nerviosos. Seguro que no tanto como nosotros. En silencio, noto que el sudor me cae por la frente. Abu Hamza, sobre mí, me aplasta. Estoy muerto de miedo. He soñado con esto centenares de veces y ahora se ha convertido en una terrible realidad. Trato de levantar levemente la cabeza para ver algo. Los enmascarados, aferrados a sus armas, me dan varios golpes para que la vuelva a colocar en el suelo. Cerca de mí hay un AK-47 y munición. Ni se me pasa por la cabeza tratar de alcanzarlo. No soy Rambo. Además, serviría de poco. No sé usarlo.

Se escucha el ruido metálico de un *walkie-talkie*. Llevamos más de media hora de trayecto y no sé adónde vamos. Me aterra pensar que pueda ser a Al-Bab, ciudad a unos cincuenta kilómetros de Alepo, bajo dominio de las huestes del Estado Islámico. De ahí directos a Raqa y el pijama naranja. Mientras pienso en nuestros posibles destinos, la furgoneta se detiene. Primero bajan los yihadistas y luego nos sacan a todos los demás.

Uno de ellos me agarra del polo y tira de mí para que me levante. Llega mi turno.

—¿Eres sirio? —me pregunta.

—No, soy español —contesto mirándole a los ojos.

—¿Hablas árabe?

—Solo un poco. Sé decir «hola», «buenos días» y «gracias» —miento.

El tipo no debe tener más de veinte años. Va embozado con un pasamontañas de color mostaza a juego con su vestimenta. En la mano derecha porta un cuchillo cuya hoja está cubierta de sangre. Pequeñas gotas resbalan hasta caer al suelo.

Busco con la mirada a mis compañeros. A lo lejos veo que a uno de ellos lo conducen a una pequeña celda. Al menos él está vivo.

Varios soldados me cachean. Me quitan la mochila con la cámara, el pasaporte, la cartera, las pulseras y el reloj que se detuvo hace tres días. Las señales… ¿Por qué no les hice caso cuando tuve la oportunidad? Lo único que me dejan es un *tasbih*, una especie de rosario que usan los musulmanes para rezar. Lo llevo en todos mis viajes colgado al cuello desde que en 2012 un soldado rebelde me lo intercambió por una de las pulseras de mi madre. Se ha convertido en mi amuleto. ¿Protección? ¿Superstición? Puede que de todo un poco. En situaciones de peligro uno siempre tiende a encomendarse a Dios, se llame como se llame, por si las moscas.

Una vez despojado de mis pertenencias, me conducen a la misma celda a la que acaba de entrar mi compañero. En la estancia no hay banderas ni símbolos de ninguna facción. Parece un antiguo garaje o una nave industrial de las que se encuentran a las afueras de la ciudad de Alepo. Lejos de miradas indiscretas. Hay un par de botellas de agua medio llenas y varios colchones apilados contra la pared, lo que me deja claro que este zulo ha alojado a otros presos en el pasado.

Aquí están los dos sentados en el suelo junto con Usama y el guía turístico, que, con cara descompuesta, permanece acurrucado al fondo. Tiene lágrimas en los ojos. Está claro que estaba en el lugar inoportuno en el momento inapropiado, y tiene miedo.

Me siento junto a ellos. Usama se levanta y se dirige hacia un pequeño tragaluz. Supongo que su intención es mirar entre los barrotes para tratar de saber dónde estamos exactamente. Pero no, nada más lejos de la realidad. Simplemente coge el Corán que hay sobre el alfeizar de la ventana y se pone a rezar.

—¡Ahora no es el momento! ¡No es el momento! —nos espeta cuando tratamos de pedirle que actúe.

No obstante, yo creo que ya habrá tiempo para encomendarse a Alá. Ahora lo que toca es actuar o pensar una solución y, con toda seguridad, la solución no está en un libro por muy sagrado que sea.

¿Cuándo va a ser el momento? Le hemos confiado nuestras vidas y no hace absolutamente nada por nosotros. Ni siquiera trata de hablar con nuestros secuestradores, de explicarles que tenemos un salvoconducto firmado por Abu Usama al-Shami, líder de Ahrar al-Sham; no intenta razonar con ellos ni de decirles que se han equivocado. Es el único que puede sacarnos de este agujero y opta por quedarse sentado y continuar leyendo su libro.

La puerta de la celda se abre y aparece Abu Hamza. Se sienta junto a nosotros sin disimular su sonrisa. Nos mira fijamente y se lleva el pulgar al cuello imitando el gesto de degollar una garganta. El malnacido ríe. El muy hijo de puta nos ha vendido. Nos ha traicionado. ¡La foto! ¡Por eso no quería posar con nosotros! No era para él, sino para que otros supieran a quién tenían que secuestrar. Estaba todo planeado. Él dio la señal antes de que nos interceptasen.

La noche anterior, en su casa, cuando nos dijo que había combatido contra Dáesh, incluso nos enseñó fotografías vestido de uniforme militar y posando sobre el cadáver de varios milicianos. Ya lo tenía todo planeado. Ha tenido todo el tiempo del mundo para preparar la estrategia; para mover a sus contactos. Por eso ha sacado la cabeza por la ventanilla en el cruce. Para que le vieran. Para que saliesen de la nada y nos pillasen. Me dan ganas de pegarle un puñetazo.

Mi pregunta ahora es qué papel juega Usama en todo esto y si lo sabía. Su actitud me sorprende y deja mucho que desear. No levanta la vista de las líneas sagradas. ¿Está asustado? Está claro que el guía sí lo está. ¡Pobre infeliz! Nadie le ha dado vela en este entierro; es lo que se suele llamar un daño colateral. Usama tiene el rictus serio, no pestañea. A los extranjeros nos decapitan, pero los locales no necesariamente corren mejor suerte. Y aquí está nuestro traductor, leyendo y encomendándose al Altísimo.

Tres hombres enmascarados, dos de ellos pertrechados con AK, entran en la habitación. El tercero, el que parece el líder, lleva varias bridas de plástico amarradas al chaleco antibalas.

—¡Levantaos! —ordena mientras nos hace un gesto con las manos para que nos pongamos de pie.

Uno a uno, nos atan las manos por delante. Empiezan por Usama y terminan por mí. Antes de que me encapuchen, miro a los ojos por última vez a Usama. No dice absolutamente nada. No comprendo su silencio. Sin más, nos sacan de la celda y nos conducen, de nuevo, a una furgoneta para poner rumbo vete a saber dónde. Esta vez nosotros tres somos los únicos pasajeros.

En el trayecto trato de mantener la cabeza lo más fría posible, de conservar la calma. Estoy acojonado. Todos lo estamos. Paramos y nos sacan.

Soy incapaz de ver nada con la capucha, pero gracias a la luz distingo sombras. Creo que estamos en una zona con árboles, en una especie de huerto o de campo de cultivo. Me obligan a arrodillarme. Mi mente completa la secuencia. Este es el tipo de escenarios que suelen usar en los vídeos de propaganda. De pronto, noto que me agarran por los brazos y me vuelven a levantar para conducirnos a otro coche. Cambian de vehículo para no llamar la atención. Está todo planeado al detalle. Reanudamos la marcha.

Vuelve a sonar la voz metálica del *walkie*.

—¿Nos vais a matar? —pregunta uno de mis compañeros temblando de pavor.

Para intentar calmarle, el copiloto le corta las bridas y le quita la capucha.

—¿Nos vais a matar? —repite mientras se lleva las manos al cuello y repite el gesto que antes ha hecho Abu Hamza.

—¡No, no! ¡Negocio! ¡Dinero! —contesta uno de los secuestradores, entre risas.

Esto puede ser solo una treta para calmarnos. Nadie en su sano juicio le dice a tres tipos secuestrados en Siria que les espera el cadalso al final del camino. Pero sirve para serenar a mi compañero. Y eso es lo importante.

Llegamos a una casa donde nos desatan a todos las manos y nos quitan el embozo. Nos obligan a quitarnos los zapatos y nos meten en una de las habitaciones. Hay tres sillones, una cómoda, una televisión plana y tres mantas. Una gran alfombra cubre todo el suelo. Las dos ventanas están abiertas de par en par. Tienen gruesos barrotes, pero al menos dejan que entre algo de aire. Nos acomodamos. Uno de los secuestradores se queda con nosotros con un Kalashnikov. Lleva la cara descubierta. En su mano derecha, un pequeño tatuaje de color azul. Algo parecido a un pájaro o a una estrella. Es posible que se lo haya hecho él mismo. Es joven, unos veinte años. Tiene una mirada penetrante y vacía. Nos mira con indiferencia.

Intercambiamos pocas palabras. El tipo no habla nada de inglés y nosotros no hacemos esfuerzos para comunicarnos con él en árabe. Al poco, otros dos hombres, estos sí con el rostro cubierto, nos dejan un plato de comida en el suelo. No tengo hambre. No me apetece comer en estas circunstancias. Se van y nos dejan a los tres solos.

Al oscurecer, me tumbo en el suelo y, aunque hace mucho calor, me tapo con una manta para buscar un poco de intimidad. Quiero llorar en silencio y desahogarme a solas, alejado de la mirada de mis compañeros. Pienso en los míos. En mis padres. En mis hermanos.

Naranjito

Al despertarme, ya de mañana, no sé qué hora es, pero no deben ser más de las ocho. Echo un vistazo rápido por la ventana. No quiero que me vean husmeando. La vivienda tiene un amplio jardín. Al fondo, una suerte de pérgola cerca de una fuente seca y una mesa en la que imagino a los antiguos propietarios comiendo o cenando en verano. Alrededor, otras casas bajas, similares a la que ocupamos. Debe tratarse de algún tipo de urbanización. Todo está en calma. No hay ni un ruido en el vecindario.

La puerta de la habitación está abierta. Pienso que estamos solos en la casa, así que me decido a hacer una rápida inspección. Dicen que la curiosidad mató al gato, pero quizá a este gato le queden horas para morir.

Hay dos habitaciones más, una cocina, un baño y un aseo. Sin lujos.

En uno de los cuartos, sobre una cama de matrimonio, dos de nuestros carceleros duermen a pierna suelta. En el suelo hay un tercero también dormitando plácidamente. Por los ropajes puedo reconocer a varios de ellos como los que nos asaltaron el día anterior. Se han quitado el pasamontañas para dormir. Son veinteañeros. Todos con el pelo largo y espesas barbas. Estética cien por cien yihadista.

Uno de los que duermen sobre la cama se gira al lado contrario en busca de una postura más cómoda, pero ni siquiera abre los ojos. Todos están despreocupados, como si estuviesen de resaca un domingo por la mañana, con la salvedad de que tienen a tres personas secuestradas. Me paseo por la estancia haciendo el menor ruido posible. Ni se inmutan. Es la primera vez que me secuestran en toda mi vida, pero esta actitud me sorprende. Creía, por lo poco que me han contado otros compañeros, que los secuestradores eran más hostiles y más profesionales. Esto parece más una pandilla de colegas haciendo una trastada que un grupo organizado.

En la habitación que está más cerca de la entrada principal hay otro tipo dormitando sobre una segunda cama de matrimonio. Está completamente grogui. Cuatro hombres. Los cuatro dormidos profundamente. La puerta de la habitación de los rehenes abierta. Nadie hace guardia. Me acerco a la puerta de entrada. ¿La habrán dejado abierta también?

Es de metal. Tiene aspecto endeble. Está cerrada con llave. Se pueden ver los pestillos echados. Con un par de patadas se podría tirar abajo, pero eso despertaría a los carceleros. Todas las ventanas están enrejadas con gruesos barrotes. No hay forma humana de escapar de aquí salvo llevándose por delante a alguno de estos malnacidos. Dado el panorama, tampoco nos costaría demasiado.

En la cocina hay varias botellas de agua de litro y medio y docenas de paquetes de espaguetis instantáneos. Busco por los cajones algún cuchillo o algún utensilio que pueda utilizar como arma para defendernos si lo necesitamos. No hay nada.

Vuelvo a inspeccionar ambas habitaciones y constato que no hay armas. Ni pistolas, ni machetes ni fusiles… Nada. Pienso que posiblemente haya un quinto hombre vigilando en el exterior de la vivienda.

Pero, aun así, ¿qué clase de secuestradores dejan la puerta de la habitación abierta para que los rehenes se puedan pasear plácidamente por la casa? ¿En qué estarían pensando estos tipos? No somos ningunos *killers*, pero eso ellos no pueden saberlo. Para matar hay que valer. Y ese no es nuestro caso. De haber sido otros los secuestrados, quizá la situación se les podría haber torcido.

—Estos tipos no han visto un secuestro ni en la televisión —digo a mis dos amigos que se despiertan en ese momento. Toca esperar a que se levanten.

—¿Quiénes sois vosotros? —pregunta uno de ellos en un perfecto inglés.

En un sofá, frente a nosotros, está sentado Mohammad. Es el tipo que dormía en el suelo de la habitación contigua. No debe tener más de treinta años. No lleva el rostro cubierto. Tiene cara afable. Sonrisa agradable. Pelirrojo, lo que rápidamente le vale el sobrenombre de Naranjito. Nos trata con un respeto y una educación que rayan la cortesía. Se interesa por nuestro estado de salud. Pregunta si necesitamos algo. Nos promete un kit de higiene personal y hasta libros. Y se desmarca del resto de los secuestradores.

—Ellos son de Al Qaeda. Son buenas personas, pero las circunstancias de la vida los han hecho unirse a ellos. Quizá vosotros, en su situación, habríais hecho lo mismo. No tienen mucha educación, pero os tratarán con respeto. Yo no tengo nada que ver con ellos. Soy un simple civil que trabajo como traductor —comenta sin perder la sonrisa.

—Somos periodistas españoles —respondo—. Hemos venido a Siria a terminar un reportaje sobre los Cascos Blancos de Alepo. Nos secuestraron ayer, pero ha debido de haber un error. Estamos bajo la protección de Ahrar al-Sham. Tenemos un salvoconducto…

Naranjito apunta todo lo que yo le digo. Guarda silencio. De vez en cuando levanta los ojos de la libreta para mirarme y asentir con la cabeza. Le relato todo nuestro viaje de pe a pa hasta llegar a esta casa.

—¿Tenéis algo más, además de las cámaras y los objetos personales que os quitaron ayer? —quiere saber.

—Sí —afirmo sin dudarlo un segundo—. Nuestros ordenadores y algo de dinero que dejamos en la casa en la que nos estamos quedando en el barrio de Sayf Al-Dawla, en Alepo.

Me pasa por la cabeza mentirle y decirle que lo que nos quitaron es todo lo que teníamos. Pero tengo en cuenta que en esta ecuación falta Usama. Si yo les digo una cosa y nuestro antiguo traductor dice otra, el siguiente interrogatorio no será tan amable. Prefiero colaborar con ellos a arriesgarme a una somanta de hostias innecesaria, y menos por unos estúpidos ordenadores. Además, si Usama no tiene nada que ver en esto, cosa que llegados a este punto me extraña, si es él el encargado de ir a por nuestras cosas tendrá la posibilidad de escapar y acudir a Ahrar al-Sham para dar la voz de alarma.

—Usama tiene la llave —apunta uno de mis compañeros que también considera que colaborar es la opción más inteligente dadas nuestras circunstancias.

Naranjito sigue tomando notas: modelos de ordenador, cantidad de dinero en metálico e incluso la poca ropa que hemos dejado en el piso. No hace falta que nos pregunte. Ya nos encargamos nosotros de darle más detalles de los que necesita. Ni pestañea cuando pronunciamos el nombre de nuestro contacto. Posiblemente es la primera vez que lo oye o quizá finja.

—¿Cuánto tiempo estaremos aquí? —pregunta uno de mis compañeros cambiando de tema radicalmente.

—No sé. Un mes, tres, seis... Depende de vuestro Gobierno —responde—. Depende del dinero que pida esta gente por vosotros. Treinta millones por cada uno...

—¡Treinta millones por cada uno! —exclamo sin poder contener la risa—. Os habéis vuelto locos, ¿verdad? Nadie os pagará esa cantidad ni en broma.

—Pues entonces os venderán a otro grupo —responde sin pestañear—. Dependerá de vuestro Gobierno. Y si ellos no quieren pagar, quizá lo hagan vuestras familias. Pero estad tranquilos. No os pasará nada malo mientras os portéis bien. Eso sí, si tratáis de escapar, esta gente os disparará. De eso podéis estar seguros y, entonces, vuestra situación será mucho peor que la actual. Tened paciencia y volveréis a casa sanos y salvos. Además, los Gobiernos occidentales siempre pagan.

Cierra la libreta, nos estrecha la mano y sale de la habitación para dejarnos a solas.

—¿De verdad son de Al Qaeda? —quiere saber mi colega, que busca algo de tranquilidad.

—De todo lo que nos ha contado, créete la mitad de la mitad —le responde el otro—. No nos podemos fiar de ellos. Debemos andar con mucho ojo con lo que le contamos. Él usará ese rollo del colegueo, pero no son nuestros amigos. Ellos son los secuestradores y nosotros los secuestrados. Tenemos que marcar bien la distancia.

—No sé si son o no de Al Qaeda, pero es cierto que no debemos creer nada de lo que nos digan —afirmo—. Y obviamente nadie pagará noventa millones de dólares por nosotros. Así que vamos a estar aquí bastante tiempo. A menos que se cansen y nos acaben vendiendo a «los colegas», en cuyo caso nos podemos dar por jodidos porque de allí sí que no salimos con vida.

Los días transcurren entre la monotonía y el tedio. El tiempo se consume muy despacio cuando te pasas el día en el suelo o en un sofá comiendo techo. Los carceleros tardan poco en darse cuenta de que dejarnos la puerta abierta de la habitación para que campemos a nuestras anchas no ha sido la idea más brillante. Así que la cierran a cal y canto.

Es pleno verano. El calor es insoportable. Tenemos las ventanas abiertas de par en par, pero ni por esas. De día no corre nada de aire; de noche la situación no es mucho mejor, aunque refresca ligeramente. Mis dos compañeros deciden matar las horas haciendo ejercicio; yo prefiero mirarlos desde el sofá. Lo de las flexiones y los abdominales no me acaba de convencer. Ellos se imponen una rutina diaria. Es una de las pocas formas de evadirse de este lugar.

Las noches son complicadas. Escucho a nuestros carceleros reír en el exterior de la casa. Hay más de cinco, seguro. Puedo oír sus voces. No sé de qué hablan, pero, de vez en cuando, pronuncian las palabras «Estado Islámico». Trago saliva. Trato de no volverme paranoico. No conduce a nada bueno. Intento tener la cabeza fría, pero se antoja complicado.

Vuelven a interrogarnos. Tres hombres, vestidos completamente de negro, irrumpen en la habitación. Es la primera vez que los vemos. Van enmascarados. Captan nuestra atención. Nos quedamos en silencio. Me recuerdan a los famosos Beatles de los que habla Javier Espinosa en los relatos que publicó en *El Mundo*. Su presencia atemoriza. Nos miran a través de sus pasamontañas. Un nuevo interrogatorio. Las mismas preguntas que nos hizo Naranjito días antes. Una y otra vez nos preguntan lo mismo. Quieren comprobar que no hemos cambiado de versión.

Uno de ellos, el único que habla inglés, se sienta en el sofá cerca de nosotros. Nos mira fijamente a los ojos buscando una duda o pillarnos en un renuncio. No lo consigue, así que usa otra táctica.

—¡Tú no eres periodista! —dice señalando a uno de mis compañeros—. Nos estás mintiendo —balbucea en un dialecto parecido al inglés.

—¡Sí! Es periodista, te lo juro —intervengo—. Hemos trabajado juntos en muchos países. Puedes comprobar su trabajo en internet.

Pide que escribamos los medios de comunicación en los que solemos publicar. Verificará, o eso dice, que no mentimos. Desde el inicio de la guerra los sirios han recelado de la prensa extranjera. Piensan que todos somos espías y que trabajamos para los servicios de inteligencia. Cuarenta años de escuchar la misma cantinela de los servicios de propaganda de Al Assad han calado profundamente.

—Si me estáis mintiendo, volveré, y os aseguro que no seré tan amable como en esta ocasión —amenaza señalándonos con el dedo.

Naranjito traduce esta última parte. Juegan al poli bueno y al poli malo. El enmascarado es el malo de la película. Y el pelirrojo va de colega. Parece que sí han visto películas sobre policías y secuestros. Se marchan.

Las visitas de Naranjito se producen con regularidad. Tal y como prometió, aparece con un kit de higiene que consiste en un desodorante, cepillos y pasta de dientes. Además de ropa interior nueva y tres ropajes de corte yihadista de color negro. Mejor negro que naranja, pienso para mí, cuando regreso del baño con él puesto. No quieren que usemos nuestra ropa occidental. Si nos mueven, pasaremos más desapercibidos si vestimos como ellos.

Este civil, como él mismo se define, se pasa el día leyendo el Corán. Lo escucho recitar los versos en voz alta. Dice que leer el libro sagrado de los musulmanes durante el Ramadán da «puntos» a la hora de ir al Paraíso. Ha leído más de la mitad y aún tiene tres días más para terminarlo. Es, sin duda, el más religioso de todos. Es el encargado de dirigir la oración cuando rezan todos juntos, y es capaz de rezar más de cinco veces al día.

La conversación sobre mis creencias religiosas no tarda en entrar en escena, y es que a todos les encanta. ¿De verdad no hay una sala VIP en el Paraíso para los que consigan convertir a un infiel? Obviamente, Naranjito habla de las bondades del islam. No tarda en repudiar a los yihadistas del Estado Islámico y tacharlos de fanáticos. Habla sobre la manipulación que hicieron los cristianos de la Biblia al eliminar el nombre de Ahmed (Mahoma) como el profeta que sucedería a Jesús...

Mi cara es de absoluto asombro. Asiento, de vez en cuando, sin decir nada. Todo lo que me relata me suena a chino. Pero él está entregado a la causa de la conversión de infieles. Desconozco muchas cosas sobre su religión. Y debe notarlo en mi rostro porque me cuenta que ellos, los musulmanes, creen en la Virgen María y en Jesús, quien es uno de sus profetas.

Su objetivo es tratar de hacerme ver que nuestras dos religiones son muy similares. Las dos nacen de la misma raíz. Pero la diferencia sustancial es que Jesús no es hijo de Alá. Y, en este tema, no atiende a razones. Y, por supuesto, ni pronunciar el nombre de José como marido de María. Si algo tienen los musulmanes, o por lo menos Naranjito, es su intolerancia. Cree a pies juntillas lo que pone su libro, escrito hace mil cuatrocientos años. Y le parecen burdas mentiras todo lo que no está en el Corán.

Su grado de implicación en mi conversión llega a tal extremo que se descarga una aplicación en su teléfono móvil con una versión de su libro en castellano para que lo pueda leer. Me muestra los versículos donde se habla de Jesús y de la Virgen. Su cara es de absoluta satisfacción al verme concentrado en la lectura de su libro sagrado. El pobre no sabe que sería capaz de leer cualquier cosa con tal de que el tiempo pase más deprisa.

Me interesa conocerlo más. Me interesa saber más sobre mi enemigo. Estudiarlo y analizarlo. Así que no dudo en seguirle el juego. Le pregunto por el Corán, por el islam y por la yihad. Él se muestra satisfecho. Le gusta mi interés. Piensa, realmente, que me voy a convertir. Pero nada más lejos de la realidad.

—Todo eso está muy bien —comento después de releer el texto que aparece en la pantalla de su teléfono móvil—. Pero ¿no dice el Corán que, si alguien roba, se le debe cortar la mano?

—Sí —responde con una sonrisa pícara.

—¿Entonces?

—¿Entonces?

—A esta gente alguien le cortará la mano, digo yo, ¿no? Nos han robado las cámaras y, además, nos han secuestrado.

—No, porque sois infieles y enemigos. El Corán no califica esto como robo. Nadie nos castigará, al contrario.

Bien por el Corán, pienso para mí. Si eres infiel, que te den. Puede que sea la religión verdadera, pero yo me quedo con eso de poner la otra mejilla.

Las clases de religión continúan varios días entremezcladas con las flexiones, los paseos por el perímetro de nuestra habitación y las tres horas al día en las que podemos poner la televisión que tenemos en el cuarto. Naranjito nos advierte que solo podemos poner las noticias. Nada de películas porque salen mujeres ligeras de ropa y eso es pecado.

Obviamente no seguimos sus indicaciones. Y cuando nos cansamos de ver al corresponsal de la BBC en directo desde Atenas hablando de la crisis política del país heleno, cambiamos de canal en busca de alguna película hollywoodiense.

—¡Nos vamos! —ordena uno de nuestros carceleros—. ¡Vestíos! —dice malencarado.

Va pertrechado con un AK-47 y un chaleco con varios cargadores repartidos por el pecho. Tiene cara de pocos amigos. Es el mismo con el que compartimos los primeros momentos en esta casa. El del tatuaje en la mano. Nos mira con odio. Si por él fuera, no dudaría en golpearnos para que nos vistamos más aprisa.

Nos ponemos los ropajes negros. Nos esposan y nos encapuchan. El corazón se me acelera. Es el 19 de julio de 2015. Llevo tiempo esperando este momento. Sabía que no permaneceríamos muchos días aquí. No es un sitio seguro. Trato de mantener la calma, pero en estas circunstancias se hace complicado. Los traslados, sobre todo cuando no sabes hacia dónde te mueven, son situaciones críticas.

Oigo el motor de un coche. Se cierra la puerta de súbito. Arrancamos. Nos movemos. ¿Hacia dónde vamos? ¡Mamá, por favor, cuida de mí! Por favor…

2

EL AGUJERO

19 DE JULIO-21 DE AGOSTO DE 2015

Siento que me duelen los ojos cuando me quitan la venda. Tardo en acostumbrarme a la luz; miro alrededor para tratar de averiguar dónde estoy. La habitación no debe tener más de cinco metros cuadrados. Parece un baño o unas antiguas duchas. Las paredes son de baldosas verdes y blancas. Por los materiales, se nota que es de una casa de gente de dinero: la grifería, que ahora está bloqueada con cinta aislante para impedir su uso; el radiador, el primero que veo en toda mi vida en Siria, o las lámparas de grueso cristal que cuelgan de los altísimos techos. Todo muy hortera, pero denota poderío económico.

El habitáculo tiene tres puertas. Dos de ellas están cerradas. Abren la tercera. Da acceso a un lugar más espacioso con una letrina. Me advierten que solo puedo ir ahí a hacer mis necesidades y que, si no obedezco, la cerrarán y únicamente podré ir al retrete cuando ellos me dejen.

Asiento con la cabeza para dar a entender que he comprendido sus órdenes.

Traen tres colchones de gomaespuma decorados con dibujitos de osos y tres mantas. Estoy solo, pero intuyo que mis amigos llegarán de un momento a otro.

Me sientan en el suelo mirando contra la pared con la cabeza agachada hacia mi regazo. Mis amigos tardan poco en aparecer. Los sientan igualmente de cara a la pared.

Puedo notar la presencia de varias personas a nuestra espalda. Hablan entre ellos. Oigo ruido de martillos golpeando contra la madera. Han entrado en la habitación donde está la taza del váter. Trato de ver por el rabillo del ojo. Solo soy capaz de distinguir a uno de ellos. Lleva un fusil colgado al hombro. Los otros se pasean de un lado a otro de la habitación. Discuten.

—¿Quiénes sois vosotros? —pregunta en inglés una voz que no reconozco.

—Somos periodistas españoles —respondo sin moverme.

—No podéis hacer ruido ni hablar alto. Tampoco podéis mirar por las ventanas del cuarto de baño —dice en un pésimo inglés.

No agrega nada más. Escucho pasos que van hacia la puerta. Suena la llave en la cerradura. La giran. Una. Dos. Tres vueltas. Nos quedamos completamente solos.

Espero para levantarme porque temo que vuelvan. Pasados unos minutos me decido a inspeccionar el espacio. Donde está la letrina hay dos pequeñas ventanas alargadas. Están a unos tres metros de altura. Enrejadas. Las han tapado con dos pedazos de cartón para impedir que veamos el exterior. Los cartones no están fijados a los barrotes. Cuando corre algo de viento, se mueven y golpean contra ellos.

Varios cables, unidos con cinta adhesiva, salen de la luz que hay sobre el quicio de la puerta hacia el exterior de la habitación. Deben de estar conectados a algún tipo de generador o de batería. Todo parece muy precario e improvisado. Da la sensación de que no sabían que íbamos a venir porque nada está preparado.

—¿Eso son niños? —pregunto a mis dos compañeros.

Nos quedamos en silencio y aguzamos el oído. Se puede distinguir, perfectamente, a varios críos gritando y chillando en el piso superior. Pisadas como si jugasen al pillapilla. Se oye también el sonido de los tacones de una mujer caminando. Aquí viven familias. ¿Sabrán lo que ocurre debajo de su casa? Si gritáramos, ¿serviría de algo? Posiblemente nos lo harían pagar a golpes y no tengo ninguna gana de experimentar esa experiencia.

La luz led es baja, pero suficiente para vernos las caras. Nuestras condiciones, con respecto a la anterior prisión, han empeorado sustancialmente. El espacio de que disponemos es minúsculo. Apenas podemos movernos. Es un agujero oscuro, sin iluminación natural.

Nos traen la cena. Unas tristes magdalenas y galletas. No sabemos cuándo se dignarán a darnos de comer otra vez. Estamos asustados, pero mantenemos la calma. Tratamos de dormir. Es casi una misión imposible con este calor asfixiante. Después de muchas vueltas sobre el colchón, empapado ya en mi propio sudor, me incorporo y me apoyo contra la pared. El azulejo está frío. Siento alivio.

La solución de mis compañeros es quitarse toda la ropa y quedarse en calzoncillos. No parece lo más acertado en un país donde a los homosexuales se los arroja al vacío desde lo alto de los edificios. Les digo que, si entran y los ven de esa guisa, vamos a tener un problema. Les da igual. Dicen que tienen calor. Les insisto para que se vuelvan a vestir porque a esta gente no les van a importar sus circunstancias, solo van a ver a dos tipos semidesnudos sobre un colchón mugriento. Mis argumentos no los convencen. Al poco, cuando la llave suena en la cerradura, tratan de taparse con mantas, de ponerse la ropa con prisa.

El que aparece es el jefe de nuestros nuevos carceleros. El mismo que hace un rato nos preguntó quiénes éramos.

—¿Qué estáis haciendo desnudos? —pregunta mirándolos por la diminuta rendija del pasamontañas negro—. ¿Por qué no tenéis ropa?

Mis amigos están bloqueados. No saben qué decir ni cómo actuar. Miran a ese hombre asustados.

—Tienen calor y no pueden dormir —intervengo para tratar de aliviar la tensión.

—Pero tú estás vestido, ¿por qué? —insiste mientras los otros dos, ya incorporados, se visten a todo correr.

—Yo no tengo calor —miento.

—Mañana traeremos un ventilador. Pero ellos deben vestirse y tú —me señala— eres responsable de ellos. Si vuelven a desnudarse, os castigaremos.

El ventilador tarda dos días en llegar, pero finalmente, para nuestro alivio, aparece.

Una cosa está clara: esos tipos no pertenecen al Estado Islámico. Estamos secuestrados, sí, pero podría ser muchísimo peor.

Los Fruittis

En esta prisión hay tres carceleros; no son los anteriores. Son jóvenes, veinteañeros. Los apodamos los Fruittis. Son un auténtico cuadro.

El jefe es Gazpacho. Es orondo. Debe rondar los cien kilos de peso. Siempre lleva la ropa sucia o llena de lamparones, un pasamontañas de color negro y unas gafas de ver. El conjunto es un verdadero esperpento. Más que un secuestrador, parece un indigente.

Viene con frecuencia a la celda, siempre con la misma cantinela. Se hace monótono escucharle. Nos recomienda que, cuando todo esto acabe, dejemos de viajar a zonas de guerra para abrir una tienda de comestibles en España y que formemos una familia, como él.

—No vengáis nunca más a Siria. No se os ha perdido absolutamente nada en mi país —nos aconseja—. Lo que tenéis que hacer es encontrar buenas mujeres en España, casaros y tener muchos hijos, como yo. Hace cuatro años que me casé, ya tengo dos hijos y pienso tener muchos más —dice mientras nos mira fijamente con sus diminutos ojos de color marrón—. Nosotros, los musulmanes, tenemos muchos hijos para poder enviarlos a la yihad a luchar. Europa, Estados Unidos e Israel nos asesinan, pero seguimos teniendo hijos y más hijos. Al final os acabaremos conquistando. Cuando termine la guerra en Siria, iremos a liberar Palestina y acabaremos con todos los judíos.

Parece que le gusta pasar tiempo con nosotros. Apenas habla inglés y nosotros no hablamos árabe ni hacemos esfuerzos para comunicarnos con él porque la verdad es que preferimos estar a solas, charlando entre nosotros, que con un secuestrador. Por muy de colega que vaya, no deja de ser un hijo de puta más.

Pero él lo intenta. A veces simplemente nos mira sin decir nada y pasamos el rato sin intercambiar palabra. Otras veces se ayuda de su teléfono móvil para mantener con nosotros algo parecido a una conversación. Nos habla de cualquier cosa. Un día, por ejemplo, nos da una receta culinaria típica de su país: berenjenas con tomate y perejil. Nos sugiere también patatas y berenjenas fritas. Su aspecto, ciertamente, no es el de un lince de la cocina. Su imagen no es la de un estrella Michelin.

Más allá de las conversaciones peregrinas, su objetivo principal está claro desde el primer día: quiere convertirnos. Para empezar, nos trae unas cuchillas de afeitar con las que nos obliga a depilarnos las axilas, como hacen los musulmanes. Nos sugiere que hagamos lo mismo con la zona genital, pero nos negamos en rotundo. Por supuesto, nos deja claro que la barba ni se recorta ni se afeita.

Pretende cambios por fuera y sobre todo por dentro. Para ello me hace entrega de un libro de color azul donde, en inglés y en árabe, están recogidas todas las expresiones y frases que usan los musulmanes durante su vida diaria: cuando se van a dormir, cuando oyen el ladrido de un perro por la noche o cuando van al hospital a ver a un moribundo. Lo leo más por matar el tiempo que por interés, pero le encanta verme entregado a la lectura. Pregunta a mis dos compañeros si le han echado un vistazo. Le mienten diciendo que lo han ojeado. El pobre infeliz piensa que va a convertirnos. Nosotros no tenemos ninguna intención.

Ya que va de buen rollo, le pedimos unos cepillos de dientes. Nos los niega y a cambio se presenta con un *siwak* de raíz de *arak*.

—Los verdaderos musulmanes usamos esto para lavarnos los dientes. Es bueno para los dientes y para el estómago —nos comenta mientras saca el suyo del bolsillo y nos enseña a usar ese artilugio.

Es una ramita de color canela, de un palmo de longitud, que se usa desde tiempos del profeta Mahoma para la higiene bucal. El dichoso palo sabe a rayos.

Su esfuerzo conversor continúa. Aparece de muy buen humor en la celda y nos ofrece ver una película. Nosotros abrimos mucho los ojos pensando que nos van a poner una televisión o que nos van a dejar uno de nuestros ordenadores para mantenernos entretenidos. Pero no, nada más lejos de la realidad. Gazpacho se ha descargado varios vídeos en los que aparece el jeque Yusuf Estes, un clérigo norteamericano, nacido en el seno de una familia cristiana de Texas (Estados Unidos) y convertido al islam en el año 1991.

El primer vídeo se titula *¿Por qué soy musulmán?* y cuenta la historia de un cristiano que, gracias a Estes, abre los ojos y descubre que la única religión verdadera es el islam.

Gazpacho sonríe. Nosotros le devolvemos el gesto.

—Bien, ¿os ha gustado? —nos pregunta.

—Sí —miento.

Gazpacho pone más vídeos. Ahora vemos al jeque en una universidad de Estados Unidos convirtiendo a varios alumnos.

Piensa que esta propaganda causará algún efecto en nosotros. Pero se equivoca. Lo único que provoca es más rechazo.

El segundo de los Fruittis es Mochilo. Es el encargado de traernos la comida. Siempre llega tapado con su pasamontañas, espigado y malencarado. Se siente violento cuando entra en nuestra celda y nos ve sin la parte superior de la vestimenta. Los musulmanes no pueden mostrar el torso desnudo. Si por él fuera, nos daría de hostias. Nos mira con odio.

No habla ni una palabra de inglés, pero eso no es impedimento para que, como su jefe, insista en hablarnos del islam. No hay noche que no nos dé la murga. Habla de Moisés, de Jesús, de Mahoma. De las pirámides, del éxodo de Egipto, de la persecución de Moisés por el faraón, del mar Rojo acabando con las huestes del faraón. Y todo esto, con gestos de las manos. A mí esto me parece de película de Berlanga. Como entiendo un poco de árabe, hago de traductor para mis dos compañeros, pero lo cierto es que no comprendo ni la mitad de la mitad de lo que nos cuenta. Me limito a asentir con la cabeza o a repetir alguno de los nombres que menciona, lo que le da pie a continuar con su relato. Surrealista.

Nuestra relación con Mochilo es bastante tensa. El tipo, un paranoico, dice que hemos usado las cucharas metálicas con las que comemos para tratar de sacar la puerta de sus bisagras. Lo hace para tocarnos los huevos más que por otra cosa. No tenemos la más mínima intención de escapar, pero desde luego, si lo intentáramos, les clavaría el mango de la cuchara en el ojo antes que usarla de destornillador.

Le pedimos algo para leer y aparece en nuestra celda con *Inspire*, la revista en línea de Al Qaeda, impresa y encuadernada en folios a todo color. Es del verano de 2010 y está en inglés.

—¿Usama Mohammad Bin Laden? —pregunta Mochilo tras entregarme la revista.

—Sí.

—¿Te gusta?

—¡Claro!

—¡Bien, bien! ¡Muerte a América! —dice con satisfacción.

Ojeo la revista. El panfleto yihadista se abre con un artículo sobre Bin Laden: «La manera de salvar la Tierra». El líder terrorista habla sobre el cambio climático que está destruyendo el planeta y da cinco claves para evitarlo. En otro artículo se cuenta la historia de un yihadista que se encuentra combatiendo en Afganistán contra Estados Unidos. Pero la estrella del número es, sin ningún género de dudas, el chef de Al Qaeda, que explica cómo preparar una bomba en la cocina de tu madre. Figura en el índice, pero no podemos leerlo. Son siete páginas que han sido debidamente arrancadas del cuadernillo que nos han entregado. Algunas recetas es mejor mantenerlas bajo llave.

Se le ve entusiasmado al vernos con la publicación. Esa noche nos trae una tetera repleta. Lo mismo piensa que nos vamos a acabar alistando en Al Qaeda.

El tercero en discordia es Pincho. Le vemos poco y, cuando aparece, da la sensación de que le damos miedo. ¡Qué paradoja! Dudo que sea mayor de edad. Es muy delgado, casi tísico. Sabe cinco o seis palabras de inglés. Cada vez que entra en la celda, primero llama a la puerta. Nos da los buenos días y nos pregunta si queremos algo o si estamos bien. Es servicial, casi sumiso. Un personaje esperpéntico en una trama que cada vez se vuelve más surrealista.

Tenemos tres carceleros. No tienen ni media hostia ninguno de ellos. Pero desconocemos si fuera hay más hombres. Nunca entran todos a la vez en la celda, por lo que es posible que uno de ellos tenga acceso a un arma de fuego. Si tratamos de huir, nos arriesgamos a recibir un balazo. Si conseguimos reducirlos, ¿adónde demonios vamos? Descartado.

El Coleto

—¿Qué día es hoy? —pregunta uno de mis compañeros.

—Jueves 23 de julio de 2015 —respondo—. Llevamos diez días secuestrados.

—¿Cómo estás tan seguro?

—Llevo la cuenta en la cabeza. Además, hoy es el cumpleaños de mi madre.

Mis compañeros se quedan en silencio y me miran. Trato de mantener la compostura, pero mis ojos se llenan de lágrimas. Llevo pensando en ella desde que nos secuestraron. Pienso en cómo habrá recibido la noticia, veo su cara, sus lágrimas al escuchar que no voy a volver a casa. Pienso en cómo puede afectarle todo esto si se prolonga, como sospecho. Es posible que esto dure meses. Recuerdo cuando nos despedimos en el aeropuerto. Nunca llora al despedirnos y esta vez sí lo hizo. Quizá intuía que iba a recibir esa llamada que, aunque sabes que puede llegar, nunca esperas. Me generó cierta ansiedad verla llorar. De haber viajado solo, tal vez me habría quedado en casa. Pero iba en equipo, así que le di la espalda y me marché. Mi madre es mi talón de Aquiles. Me siento fatal y me hundo más. Es su cumpleaños y no tiene nada que celebrar.

Es más de mediodía. Lo sé porque acabo de oír la llamada a la oración. La llave suena en la cerradura y con el ruido rápidamente nos enderezamos sobre los colchones. Es la hora en la que habitualmente nos traen la primera comida del día, un momento que esperamos con ansia. No comemos desde la noche y la cena es muy escasa. Un plato para compartir entre los tres. Pasamos hambre. En el desayuno-almuerzo hace días que nos traen lo mismo: huevos duros, aceitunas, quesitos, mortadela, tortilla francesa, tomate y yogur. No todo a la vez, obviamente. Esto es un secuestro y no el bufé libre de un hotel de cinco estrellas.

Para nuestra desilusión, no es Mochilo con la bandeja plateada donde suele traernos los víveres. Tampoco son Gazpacho ni Pincho. No conocemos a la persona que entra. Es un tipo vestido a la manera occidental, con ropa buena, zapatos de marca que parecen recién estrenados y una mochila colgada al hombro. A través de su pasamontañas se entrevé su pelo atado en una coleta. Ya tiene mote: el Coleto.

Nos estrecha la mano a cada uno de nosotros y, tras apagar el ventilador con el que mitigamos el calor en este agujero, se sienta en el suelo.

Le miramos en silencio. Él también nos estudia sin mediar palabra. Al poco, del interior de la bolsa, saca varios folios en blanco, un bolígrafo, una cámara de fotos y un teléfono móvil. Es un iPhone. No sé el modelo.

—Mi nombre es Abu Ahmed —se presenta.

Habla un inglés perfecto. Mucho mejor que el de Naranjito. Habla pausadamente, con un acento que parece británico, pronunciando todas y cada una de las sílabas para que entendamos lo que nos explica.

—Vuestro Gobierno ha preguntado por vosotros —comenta—. Están muy preocupados por vuestra situación. Es una buena señal.

Han pasado diez días desde que nos secuestraron y los servicios de inteligencia españoles han conseguido dar con la célula terrorista que nos tiene retenidos en Siria. Esto pinta bastante bien, siempre y cuando, claro, el tipo no nos esté mintiendo.

Durante aproximadamente dos horas nos interroga. Las preguntas son parecidas a las que ya respondimos, en su momento, a Naranjito: nombre completo, nacionalidad, profesión, número de veces que hemos estado en Siria, países en los que hemos trabajado, medios de comunicación en los que hemos publicado o para los que estamos trabajando en este momento, motivos por los que hemos venido hasta aquí, nuestro viaje hasta que fuimos secuestrados, nombre de nuestros contactos...

—No conozco a Usama, pero os puedo decir que es un mentiroso. El papel que os enseñó no era un salvoconducto de Ahrar al-Sham. Os ha traicionado.

Hace un alto en la conversación para beber un sorbito de té que le ha servido Mochilo. Para poder beber se baja el verdugo, y en ese momento veo sus facciones. Le calculo veinticinco años. Barba recortada, bigote afeitado... No tiene estética de yihadista. Por lo menos, no la habitual.

Tras el inciso, nos pide un *e-mail* de contacto. Por protocolo, siempre que salimos de viaje a una zona de conflicto, dejamos a una persona encargada de gestionar la situación en caso de que pase algo. Le facilito la dirección de mi amiga, la periodista Cristina Sánchez, quien está al frente de esta tesitura. Le reitero que debe tratar con ella y solo con ella para hacer llegar cualquier comunicación. Él asiente con la cabeza. Parece que se queda conforme.

Junto al Coleto hay otro hombre al que reconozco por el minúsculo tatuaje en su mano derecha. Es el mismo tipo con quien intercambiamos unas palabras el primer día. Debe de ser su guardaespaldas. Me tranquiliza pensar que continuamos en manos del mismo grupo que nos secuestró.

Tras el interrogatorio, el Coleto nos hace una fotografía a cada uno por separado. Suelta un chascarrillo sobre nuestra vestimenta. «Mejor de negro que de naranja», ríe entre dientes. Humor negro. Cuando llega mi turno para posar ante la cámara, me pide que sonría. Me niego. No está la situación para andarse con chorradas. Pienso que seguramente mi madre verá esta fotografía. Me parece claro que se trata de una prueba de vida para las familias.

Guarda todo el material en su bolsa después de proporcionarnos unas hojas en blanco y un bolígrafo. Nos dice que podemos escribir a nuestras familias y se compromete a hacerles llegar las cartas para que se queden más tranquilas. De hecho, nos dice que podemos hacerlo siempre que queramos y promete hacer llegar nuestras misivas.

—¿Sabéis qué grupo os tiene secuestrados? —se interesa.

—No, no estamos seguros —respondo—. Creo que podéis ser de Al-Nusra.

Salvo Naranjito, que mencionó a Al Qaeda, el resto juega con nosotros al despiste.

—No estáis seguros, ya, bueno. Volveré en un par de semanas a visitaros. Trabajaré para vuestra liberación —dice antes de marcharse y dejarnos, nuevamente, a solas—. Saldréis de aquí lo antes posible. Todo depende de vuestro Gobierno y de lo que tardemos en negociar.

Se marcha.

—Este tipo es el que gestiona los secuestros de Al Qaeda —sugiere Ángel—. Está claro que es un profesional. Solo hay que ver el equipo que lleva y lo preparado que está.

—¡Claro, es el Saul Goodman de Al Qaeda, no te jode! —respondo haciendo alusión al famosísimo abogado de la serie *Breaking Bad*—. Nos interroga porque habla inglés. ¿De verdad piensas que este tipo tiene una especie de bufete que gestiona secuestros?

Ángel se encoge de hombros y no responde. La presencia de este personaje le ha dado esperanzas de poder volver a casa más pronto que tarde, pero hay que tomar todo con alfileres. Esta gente trabaja para Al Qaeda, y nuestra seguridad y bienestar no les importan absolutamente nada. No nos han secuestrado para mantener un intenso intercambio cultural con nosotros.

—No os creáis ni la mitad de la mitad de lo que nos ha dicho —sugiere el fotógrafo leonés.

—Entonces ¿crees que lo de que el Gobierno ha preguntado por nosotros es mentira? —quiere saber Ángel.

—Es posible que sea verdad o que lo haya dicho para que no nos pongamos nerviosos —se sincera el otro—. Lo que tengo claro es que, a esta gente, no le creo absolutamente nada. Tenemos que desconfiar... No son nuestros amigos aunque el Coleto trate de ir de colega. ¿Entendido?

—Sí —respondemos Ángel y yo al unísono.

Su visita nos da para varios días de conversación. Analizamos todo del Coleto. Su manera de hablar, sus palabras, sus gestos... Concluimos que es un tipo del que no conviene fiarse.

L.M.

Me aburro soberanamente. Me paso las horas muertas jugueteando como mi *tasbih*. Paso sus cuentas de madera una y otra vez. Conservo el libro que me dejó Gazpacho, pero la luz led ha perdido intensidad y es prácticamente imposible leer sin dejarse la vista. No hay absolutamente nada que hacer.

—Podríamos jugar a algo, ¿no? —pregunto a mis compañeros mientras hacen flexiones y abdominales en el suelo de la celda.

—¿Y a qué jugamos? —pregunta Ángel.

—Podemos hacer una baraja para jugar al mus o a la escoba —sugiere el leonés, quien hace un alto en su tabla de ejercicios.

—Para el mus se necesita una persona más —respondo—. Además, no tenemos suficientes folios para dibujar las cartas. No, tenemos que buscar más opciones.

Se me ocurre que puedo fabricar un tablero de ajedrez, así que lo hago mientras mis compañeros continúan con su tabla de flexiones. Hace años que no juego, pero en estos momentos puede ser útil para ayudarnos a matar el tiempo. En uno de los folios que nos dejó el Coleto dibujo las sesenta y cuatro casillas. Ocho a lo largo por ocho a lo ancho. Tardo algo más en el diseño de las fichas. Dibujo las figuras en las etiquetas de los quesitos que nos traen para almorzar. Tardo unos días en reunir suficientes para diseñar las 32 piezas: peones, alfiles, torres, caballos, reyes y reinas. No soy Picasso, pero para sacarnos de un aprieto están bastante apañadas.

—¡He terminado! —anuncio mientras coloco todas las piezas sobre el tablero.

Lo miro con orgullo. No es el más bonito ni el más sofisticado, pero lo he hecho con mis propias manos.

—A mí no me gusta jugar. Me aburre pensar tanto —dice el fotógrafo.

—A mí no me apetece —añade Ángel.

—¿De verdad que no vais a jugar conmigo? ¿Ni siquiera una vez?

—Bueno… quizá alguna vez sí que podamos jugar, pero ahora mismo no me apetece —responde Ángel mirando las fichas del ajedrez con curiosidad.

¡Qué suerte la mía! Me han secuestrado junto con dos tipos que prefieren estar todo el día haciendo abdominales a jugar al ajedrez. Guardo el precario tablero y las endebles fichas por si cambian de opinión.

Sigo llevando la cuenta de los días en la cabeza. Lo hago para saber en qué día vivo. Eso me ayuda a concentrarme y a no perder el vínculo con la realidad. Llevamos veinticuatro días retenidos. Es el 6 de agosto. Hoy mi hermana cumple dieciocho años. Las fechas señaladas me reconcomen porque me recuerdan todo lo que me estoy perdiendo. En uno de los folios que tenemos, escribo:

Mi querida niña Alejandra:

Hoy te conviertes en toda una mujer, aunque lo eres hace tiempo. Me gustaría estar hoy a tu lado en un día tan especial y darte un abrazo enorme. No puedes imaginar lo mucho que pienso en ti en este agujero y cuantísimo te echo de menos. Me siento culpable por hacer de un día tan especial algo tan triste. Quiero que sepas que estoy contigo en la distancia y espero que disfrutes muchísimo.

No sé qué ocurrirá conmigo en las próximas semanas. Solo te pido que seas feliz y que vivas la vida.

Me gustaría que estuvieses orgullosa de mí como yo lo estoy de ti. Durante estos últimos años me he perdido muchos momentos importantes en tu vida. Solo espero poder salir de aquí y compensártelo.

Te quiere,

A.

A los pocos días aparece de nuevo el Coleto.

—Antonio, ¿conoces a L.M.? —me pregunta mirándome fijamente a los ojos.

—Sí —afirmo.

Ese nombre me produce escalofríos nada más oírlo. Saca de su bolsa un papel y me lo entrega. Lo miro anonadado. Lo estudio. Lo releo. No doy crédito a lo que ven mis ojos. Estoy en un lío.

Hola, Antonio. Soy L.M., tu mejor amigo. Necesito que me respondas a estas preguntas, por favor.

1. Cuál es el nombre de tu amiga de Valencia, su profesión y en qué lugar trabaja.
2. Sobre qué hablamos en Skype semanas antes de tu viaje. Qué te dije sobre tus planes y qué me prometiste.

Gracias. Por favor, firma aquí:

La carta va acompañada de su acreditación como miembro del Ministerio de Defensa. En el carné se puede ver su fotografía, en la que aparece vestido de militar, y su rango.

Entrego el papel al Coleto sin responder las preguntas.

—Es una carta de tu amigo —pone mucho énfasis en la palabra «amigo»—. Necesito que respondas las preguntas para poder enviárselas —insiste mientras me entrega un bolígrafo.

Releo las preguntas. Una, dos, tres veces. No me lo puedo creer. Respondo. No me queda otra. Firmo la carta y se la entrego.

—L.M. no es mi amigo y no es el contacto del Gobierno. ¡No es el contacto! —recalco en un intento de hacerle entrar en razón.

Se lo repito seis veces. Debe quedarle meridianamente claro porque mi vida va en ello.

—Antonio, esto es Siria. Y nunca creerías lo que sucede en este país —responde.

—¡Te estás equivocando! ¡L.M. NO ES EL CONTACTO! —le digo por última vez—. Escribe a Cristina, ella es la persona correcta.

No me cree. Por más que trato de hacerle entrar en razón, no me cree. Está convencido de estar hablando con la persona adecuada. ¿De qué habrá hablado con el exmilitar para llegar a ese grado de tozudez? Me lo puedo llegar a imaginar.

—En dos o tres semanas estaréis en casa. —Nos pide que nos pongamos de pie para hacernos una fotografía grupal. Nos estrecha la mano y se despide—. La próxima vez que nos veamos será fuera de aquí. Estaré con vosotros el día que crucéis la frontera.

Antes de que se marche, le entrego la carta que le he escrito a mi hermana.

Conocí a L.M. en diciembre de 2012. Yo estaba en Alepo, haciendo una serie de reportajes. Él me contactó para que le entrevistase. Estaba en España recién llegado de Siria, donde había instruido militarmente a un grupo rebelde en la provincia de Idlib. Le envié una batería de preguntas por Skype. El tema salió publicado por la agencia AFP, para la que yo trabajaba en ese momento.*

Lo que me vino a contar este exoficial del Ejército del Aire, básicamente y siempre envuelto en la impotencia que le genera ver a los civiles indefensos, es que formar insurgentes era una oportunidad profesional y una fuente de ingresos para su familia. Que se sentía orgulloso de haber participado en esta guerra y que no se consideraba en absoluto un mercenario.

Mis compañeros se aferran a lo que nos ha dicho el Coleto y se ven fuera en unos días. Yo no creo de ninguna manera que L.M. vaya a ser nuestro salvador. Más bien todo lo contrario. Creo que estamos en un auténtico lío y que él, ni de coña, va a ser la persona que nos saque de este agujero.

Pienso. Pienso. Pienso. Tras varias horas de reflexión, expreso mi preocupación a mis compañeros. Piensan que soy un paranoico y ven claro que ese tipo trabaja para el Gobierno.

—¿Un paranoico? ¿Qué clase de agente de inteligencia cuenta en una entrevista su participación en la formación militar de un grupo rebelde con fotos incluidas? ¿Qué clase de negociador escribe una carta con la acreditación del Ministerio de Defensa presentándose como mi mejor amigo? Estoy en un problema. Cualquiera, hasta el más estúpido, y no creo que esta panda lo sea, pensaría que trabajo para el Gobierno. Y por si no os habéis dado cuenta, solo pregunta por mí.

* Las primeras líneas del teletipo, en cuestión rezaban lo siguiente:

Antonio Pampliega (AFP) | Bab al-Hawa (13/12/2012)

«No soy un mercenario», asegura L.M., un exoficial español del Ejército del Aire que ha dejado a su familia y la crisis económica para viajar a Siria y participar en la lucha armada junto a los insurgentes.

Este instructor militar ha explicado a AFP que se ha unido a ellos porque «no podía soportar ver a los niños morir y no reaccionar», al tiempo que reconoce que también es una oportunidad profesional que le permite «mejorar su currículum y tener una fuente de ingresos para mi familia».

Mis dos compañeros no habían reparado en ese detalle. Guardan silencio, pero siguen creyendo a pies juntillas que L.M. nos va a sacar de aquí. Supongo que, cuando tienes muchas ganas de salir, te agarras a lo que tienes. Yo cada vez tengo más claro que nuestra situación, en particular la mía, se ha complicado exponencialmente.

—Entonces ¿cómo ha dado con nosotros? —interviene Ángel.

—Eso me gustaría saber a mí —respondo—. Puede que alguno de los soldados a los que en su día formó ahora forme parte de este grupo. Supongo que, una vez hecho público nuestro secuestro, tantearía a sus contactos y ha conseguido dar con nosotros. Por eso la primera vez que vimos al Coleto nos dijo: «Vuestro Gobierno ha preguntado por vosotros». Era L.M. quien había preguntado por nosotros.

—¿Lo estará usando el Gobierno? —insiste.

—¡Vamos, no jodas! Está claro, con solo ver la carta, que actúa por su cuenta.

—Yo creo que sí, que trabaja para el Gobierno y que él será quien nos saque de aquí —afirma de nuevo Ángel, quien ya se ve en casa en unas pocas semanas.

Las amenazas y el nuevo traslado

La aparición de este personaje me quita el sueño. No así a mis compañeros. Duermen a pierna suelta. Hace días que están mucho más calmados. Es cerca de medianoche cuando suena la llave en la cerradura. Se despiertan sobresaltados. Un hombre, vestido de negro, irrumpe en nuestra celda. Grita en árabe. Nos señala. No entiendo nada de lo que dice. Le miramos con cara de espanto.

—¡La contraseña de vuestros ordenadores! —grita fuera de sí—. ¡No juguéis conmigo! —amenaza.

Nos facilita una libreta para que las apuntemos. Me tiembla la mano. Estoy nervioso. No soy capaz de recordarla. Escribo dos. Trato de hacer una letra clara para que no haya confusiones.

—¡Si tengo que volver a preguntaros, os aseguro que os acordaréis de mí! —vuelve a amenazar.

Se marcha y cierra de un portazo. Nos miramos entre nosotros. No decimos nada. No sabemos si se trata de un juego psicológico o están tan cabreados como parece.

—¿Y bien? —pregunto a mis compañeros, que están tan asustados como yo.

—¿Y bien qué? —quiere saber el leonés.

—Las cosas se han torcido —digo.

—Antonio, eres un paranoico —me espeta Ángel.

—Nos han pedido las contraseñas de los ordenadores cuando los han recuperado —afirma el fotógrafo—. No hay nada que se salga de la anormalidad en este secuestro anormal.

—Tranquilo, Antonio —dice Ángel—. Verás que en un par de semanas estamos todos en casa y nos olvidamos de esta pesadilla. Todo va a salir bien —trata de tranquilizarme.

El Coleto me mira con odio y desconfianza. Su expresión afable de antaño ha desaparecido. Ya no hay buen rollo, ni risas ni chascarrillos. Le sostengo la mirada. Quiero que tenga claro que no tengo nada que ocultar. Estudia cada uno de mis gestos. El lenguaje no verbal se convierte en vital.

—¿Quién es L.M.? —pregunta.

—Te dije quién no era, ¿recuerdas? Te di el nombre de la persona con la que tenías que hablar. Cristina Sánchez, con ella debes hablar y no con L.M.

—No te he preguntado eso —me interrumpe—. Quiero saber quién demonios es.

—Es un exmilitar con el que hablé hace tiempo para una entrevista.

—¡Quiero que me lo escribas! —ordena mientras me pasa un par de folios en blanco—. No hace falta que lo hagas ahora —me dice cuando ve que comienzo a escribir—. Tómate tu tiempo. Reflexiona. Recuerda. Piensa bien lo que tienes que contarme sobre tu relación con él porque te va la vida en ello —me amenaza sin dejar de mirarme fijamente—. Y que no se te ocurra mentirme. Si lo haces, lo sabré y pagarás las consecuencias.

—¿De qué me estás hablando?

—Si L.M. sigue molestándonos o nos vuelve a amenazar, te cortaremos los dedos y se los haremos llegar. ¿Me has entendido?

¿Amenazar? Trago saliva. Se me escapa una risa floja de puro pavor. A mis amigos ni siquiera les dirige la palabra. Esto va solo conmigo. «Soy tu mejor amigo» se ha convertido en mi condena. Estoy en manos de un grupo terrorista al que le han hecho entender que soy espía o colaboracionista.

—¿Vuestro Gobierno sería capaz de enviar un comando para rescataros? —nos pregunta el Coleto.

—¡No, no! ¡No me puedo creer lo que estoy escuchando! ¡No! España jamás enviaría un comando para liberarnos —respondo—. Nosotros no somos Estados Unidos. No tenemos tropas especiales. Solo tenemos unos pocos soldados en el extranjero y no combaten, solo reparten ayuda humanitaria. —Me tiembla la voz. Balbuceo. El Coleto me mira fijamente, no me cree.

—Piensa, Antonio, en lo que tienes que contar sobre L.M. —insiste una vez más—. Piénsalo muy bien. Y recuerda: no mientas. Nosotros lo sabremos… Vendré en un par de días a buscar esa carta.

Los ánimos han decaído tras la última visita del Coleto. La salida de este agujero ya no parece tan inminente y fácil como en un momento llegamos a pensar. No lo expresamos, pero sabemos que algo se ha torcido. Ya no hacemos planes sobre lo que haremos una vez que salgamos de aquí.

Habíamos planeado viajar a Venezuela o Colombia a hacer reportajes los tres juntos.

—¡Llegamos a tiempo para cubrir las elecciones en Argentina! —se había ilusionado Ángel. Ya se veía fuera de los muros de esta prisión.

Él es el que más ha sentido el mazazo. Está cabizbajo. A veces se muestra hasta huraño. Tratamos de animarle.

Gazpacho hace tiempo que no viene a visitarnos. Es Mochilo el único que entra en nuestra celda a darnos la comida. Ya no nos sermonea sobre religión; casi mejor. Las cosas han cambiado bastante. Lo notamos en sus actitudes hacia nosotros. No pinta bien.

—¿Creéis lo del comando? —vomita finalmente Ángel.

—Lo importante no es lo que creamos nosotros —respondo—, sino lo que crean ellos.

—Si creen que van a enviar un comando para rescatarnos o que somos espías, estamos jodidos —añade el leonés.

—Os dije que L.M. no trabajaba para el Gobierno de España. No es más que un descerebrado que nos puede costar muy caro —digo.

Quizá deba sopesar más mis palabras antes de hablar. Este discurso, lejos de animar a mis compañeros, los preocupa aún más. A veces estaría mucho mejor callado.

—Tranquilos. Valemos mucho dinero. De no ser así, ya nos habrían pegado un tiro en la cabeza —les aseguro.

Creo lo que digo a pies juntillas, pero también soy consciente de que en esta ecuación la variable soy yo. Si se deshacen de mí, lo que podría ocurrir perfectamente, seguirían teniendo a dos periodistas. Mi asesinato sería una llamada de atención para acelerar la negociación. Sí, yo voy a ser la primera incógnita en ser resuelta. Y todo gracias a «mi amigo» y a sus ansias de protagonismo.

* *

El Coleto relee mi escrito sin mucha atención. Parece no interesarle mucho mi versión de la historia.

—L.M. es un mentiroso —dice finalmente tras doblar cuidadosamente el folio y guardarlo en su bolsa—. Ha tenido suerte de que no lo haya encontrado cuando estuvo en Siria. Lo habría matado con mis propias manos.

Claramente me está mandando un mensaje. Es una amenaza velada.

—Los Gobiernos extranjeros llevan años entrometiéndose en la guerra de Siria mandando a sus agentes sobre el terreno. Tratan de comprar voluntades. ¿Sabes qué hacemos nosotros con los espías? Los matamos —advierte.

Su soliloquio dura unos minutos. Asistimos en silencio a los improperios y amenazas hacia Occidente. No tenemos absolutamente nada que decir. Mejor no interrumpirle.

—¿Sabes quiénes somos? —pregunta al fin.

—No lo sé, pero sí sé que no sois del Estado Islámico —respondo.

Mis amigos me observan ojipláticos. Creen que me he vuelto loco. Pero no es así, en absoluto. Ya estoy cansado de tanto jueguecito y tanta gilipollez. Todo el día con la misma cantinela.

—¿Cómo sabes que no somos de Dáesh?

—No vamos de naranja. De momento no nos habéis torturado, no estamos en Raqa y nos acabáis de traer un plato con fruta —enumero.

El Coleto hace una mueca. Seguramente sonríe bajo el embozo.

—No, no somos del Estado Islámico. Nos volveremos a ver —dice mientras nos estrecha la mano para despedirse.

* *

El muecín de una mezquita cercana llama a la oración. Es la segunda vez que lo hace hoy, así que debe ser cerca del mediodía.

—¡Vestíos! —ordena Mochilo violentamente, y nos da una bolsa de basura de color negro para que guardemos nuestras pocas pertenencias.

Es el viernes 21 de agosto. Nos vuelven a mover. No hay duda. Nervios.

Dos hombres armados irrumpen en nuestra habitación. Llevan un AK y dos pistolas, una cada uno. Van con la cara descubierta y vestidos como nosotros, es decir, con ropajes negros al estilo yihadista. Nos meten prisa para que recojamos. Guardo la ropa interior, el libro azul que me entregó Gazpacho y poco más. Miro la revista de Al Qaeda. La dejo sobre el colchón. No sé hacia dónde vamos, pero es mejor que se quede en el agujero.

Para mi sorpresa, nos escoltan al exterior sin cubrirnos la cara ni esposarnos. Es la primera vez en treinta y cuatro días que salimos de la celda.

A la primera persona que veo fuera es a Abu Hamza. Está junto a los Fruittis y nos observa en silencio. Le clavo la mirada como si fuera un puñal. Apenas me mira a los ojos unos segundos. Después agacha la cabeza. No dice una sola palabra. Se sitúa detrás de mí para cerrar la comitiva.

No sé adónde nos llevan. Pienso, pienso, pienso… y en nada bueno.

3

EL MAESTRO DE AJEDREZ

21 DE AGOSTO-14 DE OCTUBRE DE 2015

«Antakya (Turquía). 60 kilómetros», se puede leer sobre un enorme letrero de color verde colocado sobre los tres carriles de la carretera. «¡A casa, nos vamos a casa!», pienso para mí al ver el cartel. Creo que todo ha terminado. El Coleto ha dicho la verdad; se acaba esta pesadilla.

Voy en el asiento trasero. No nos han atado. Vamos sin vendar y con las manos libres. No tiene sentido ir de esta manera si no es para devolvernos a la libertad. Miro a mis compañeros de reojo. «Turquía», susurro. Asienten con la cabeza. También se han percatado. Ninguno dice nada. ¿Pensarán lo mismo?

El coche toma uno de los caminos secundarios hacia la izquierda y deja atrás la frontera con la vecina Turquía. Está claro que no regresamos a casa. La desazón se apodera de mí.

Cabizbajo, miro por la ventanilla del todoterreno. No podía ser tan sencillo. Durante un segundo la ilusión ha podido con la razón. Yo, mejor que nadie, soy consciente de que la aparición de L.M. en este secuestro ha acelerado y precipitado los acontecimientos.

Supongo que han creído las amenazas sobre el envío de un comando para liberarnos. Por eso nos mueven. ¿Adónde? Eso ahora no importa. Estamos en camino hacia lo desconocido, otra vez. Mi situación se ha complicado sobremanera. Sí, solo la mía. La carta iba dirigida a mí, no a mis compañeros. Se presenta como mi mejor amigo… Blanco y en botella. Hasta un idiota sería capaz de atar cabos. Un supuesto miembro del Gobierno escribe una carta a uno de los tres secuestrados, solo a uno de ellos. Debe de ser por algún motivo. Amenaza con el envío de un escuadrón. ¿Qué más habrán hablado? Lo desconozco, pero sé que esto me va a traer consecuencias.

¿Me ejecutarán? Es posible. Si han creído lo del comando, ¿por qué no creer que soy amigo de L.M. o que trabajo para el Gobierno español o que soy espía en vez de periodista?

Vamos en dos coches. Abu Hamza abre camino conduciendo un vehículo que nos hace de escolta. A través del *walkie* que conecta a ambos, va informando de la situación en las carreteras. En el caso de que le den el alto en un *checkpoint*, advertirá por radio para que quienes nos custodian puedan tomar una ruta alternativa. Temen que otro grupo pueda identificarnos y perder a sus rehenes en un enfrentamiento entre facciones. Está todo pensado para que sus planes se desarrollen, en la medida de lo posible, sin sobresaltos.

Nosotros viajamos en el segundo coche acompañados por dos hombres. Ellos van delante y armados. El copiloto con un Ak-47 a sus pies y una 9 milímetros sobre su regazo; el conductor lleva su pistola enfundada bajo la axila derecha. Todos vestimos igual para no llamar la atención. Su intención es pasar desapercibidos.

Pienso en escapar. Barajo varias opciones. La primera y quizá la más descabellada es tratar de arrebatarles una de las armas y reducirlos. La descarto rápidamente. Podrían dispararnos y cualquiera de nosotros podría resultar herido. Mi segundo plan pasa por tirarme en marcha del vehículo y empezar a gritar. En ese caso, ¿nos ayudaría alguien? De no ser así, estamos perdidos. Miro a mis compañeros; no dicen absolutamente nada, están tensos, como yo. No sabemos hacia dónde nos llevan. Descarto las dos posibilidades, cualquiera de ellas supone un grave riesgo para nuestras vidas.

Es viernes. Han decidido movernos hoy porque saben que, al ser día festivo, hay más tráfico en las carreteras. Los sirios van y vienen de visitar a sus familiares. Es más complicado que nos paren. En nuestro trayecto, atravesamos varios pueblos. Trato de recordar sus nombres. Hay vida en las calles. Centenares de personas, en su mayoría hombres, salen de las mezquitas. Las pocas mujeres que se ven van vestidas completamente de negro y caminan junto con sus hijos delante de sus maridos.

Al paso de los puestos de control, los uniformados nos saludan amigablemente. No hacen ningún ademán de pararnos. Sin embargo, el copiloto, de espesa barba negra y cara de perro, me llama la atención. Me pide que deje de mirar por la ventanilla y agache la cabeza. Asiento obedientemente.

—¡No habléis!, ¡no os mováis!

De pronto, en un descampado, nos encontramos con miles de personas reunidas. La mayoría son civiles, entre ellos hay niños. Delante de unos olivos, una docena de yihadistas, con los rostros cubiertos por pasamontañas y armados hasta los dientes, enarbolan banderas de Al Qaeda. Tras ellos, dos *pick-ups* sobre las que van montadas sendas ametralladoras. La puesta en escena me recuerda las que tantas veces he visto en páginas de propaganda. No vemos hombres vestidos de naranja. Pero lo importante no es el color, sino la secuencia de un occidental ejecutado en público. El corazón me va a mil por hora. «¡No me jodas que nos van a cortar la cabeza!», pienso para mí.

Quienes nos custodian se ponen nerviosos también. El copiloto amartilla la pistola. El conductor desenfunda la suya. Miran por la ventanilla hacia la multitud. El conductor va aminorando la marcha hasta casi detenerse. En medio de la carretera varios hombres, encapuchados y con fusiles de asalto, nos miran con odio. «Hasta aquí hemos llegado», me digo.

Uno de ellos golpea el coche y hace un gesto con la mano para que continuemos. El conductor cambia de marcha y acelera de nuevo. Poco a poco, dejamos atrás el tumulto y seguimos avanzando. Por el camino, nos cruzamos con más vehículos que se dirigen al lugar. Todos gritan. Se oyen canciones religiosas. Mis amigos piensan que puede tratarse de un funeral. He estado en decenas de ellos en este país y nunca he visto ninguno con esta estética. Además, no hay fosas. Me decanto más por un ajusticiamiento. En cualquier caso, por fortuna, este circo no es para nosotros.

Quienes nos conducen suspiran aliviados. Saben que habría sido difícil de explicar nuestra presencia y que se han librado ellos también. No guardan las armas, por si acaso, y nos tapan las cabezas con pañuelos. No quieren que sepamos dónde nos encontramos. Supongo que nos acercamos a nuestro destino.

—Vamos a ser amigos y a llevarnos bien, ¿verdad? —pregunta—. Si no lo hacéis, os encerraremos en esta habitación. Y si tratáis de escapar, os dispararemos —dice con gesto serio y enarcando mucho las cejas mientras con la mano derecha simula una pistola y dispara tres veces. Una por cada uno de nosotros, para que tengamos claro lo que nos está diciendo en árabe.

Viene de la cocina con tres vasos de cristal. Nos sirve zumo de naranja. Lo hace con excesivo esmero. No sabría decir si por agradarnos o por evitar que se derrame una sola gota. Le agradezco su actitud con un gesto de la cabeza. Aunque se muestre afable, marca las distancias. No bromea cuando dice que apretaría el gatillo. Bajo su camisa, se intuye la forma de una pistola. Quiere que sepamos que está armado por si tratamos de reducirlo. Somos sus rehenes, no sus colegas, aunque de repente nos trate como tales.

—¿Quiénes sois? —se interesa.

—Periodistas —respondo.

Bebe lentamente. Nos observa. Nos estudia detenidamente. Hago lo mismo con él. Debe rondar los cuarenta años. Alto, más de un metro ochenta, ojos claros, barba canosa y pelo cortado a tazón, entrecano. Doy un sorbo al jugo y bajo la cabeza para rehuir su mirada inquisitiva. No me gusta que me escruten, estoy incómodo.

—¿Cómo os llamáis?

Nos presento. Él no nos dice su nombre. Pronto le apodamos el Gafulis por las gafas de ver que le definen.

—¿Os han pegado o torturado? —quiere saber.

No habla inglés, así que se ayuda con gestos. Cierra los puños y golpea al aire.

—*Kullu taman* («nos han tratado bien») —respondo pasando por alto las amenazas del Coleto. No sé a quién tengo delante ni qué relación mantiene con el resto de los individuos que han pasado por mi vida durante este último mes.

Estoy sentado sobre una esterilla en una habitación de una nueva casa. La estancia es amplia. Una ventana, enrejada y abierta de par en par, deja que entre aire. Las paredes están desnudas y en ellas se pueden ver las marcas de antiguos cuadros que ya no están. El suelo está frío. Es de cemento y de color grisáceo oscuro. Hay un armario en el que guardamos nuestras pocas pertenencias. Sobre él, mantas y colchones. Quizá sean para nosotros. Nadie nos dice nada. El mueble de madera bloquea una puerta trasera. Es antiguo y robusto. Nos costaría horrores moverlo. Lo han colocado para impedirnos escapar.

Los dos tipos que nos han traído hasta aquí se han marchado sin decir palabra y nuestros nuevos carceleros no saben nada de nosotros. No tienen nada habilitado para que estemos aquí. Parece como si los hubiesen tanteado la noche anterior. «Oye, ¿tenéis un sitio para dejar a tres pringados?» Y aquí estamos, en un lugar indeterminado. Parece que el traslado ha sido precipitado, más bien improvisado. Pienso que todo tiene que ver con la aparición de L.M. Nos han sacado deprisa y corriendo antes de que apareciese el Séptimo de Caballería. Todo en este secuestro sigue siendo un esperpento.

—¿Quiénes sois vosotros? —pregunta un segundo tipo que irrumpe en la habitación. Lo hace también a cara descubierta. Les da igual que les veamos el rostro.

Es bajito. Barba recortada y bigote rasurado. Viste un polo a rayas rojas y azuladas. Lleva una pistola en una cartuchera bajo la axila izquierda. Este ni siquiera la disimula. Nos estrecha la mano a cada uno y se sienta en el suelo, a mi derecha, sobre una suerte de colchón. Saca un paquete de tabaco y un mechero del bolsillo y lo deja en el suelo.

Nos ofrece antes de fumar él. Rechazamos. El Gafulis sí acepta uno. Fuman en silencio. Eso me tranquiliza. Los grupos más radicales que siguen a rajatabla los preceptos del islam consideran prohibido todo lo que sea nocivo para la salud. Estos dos, sin embargo, fuman como carreteros.

—Son periodistas —afirma el Gafulis—. ¿De dónde?

—Somos de España —le digo.

—¿Madrid o Barcelona?

Ya tardaba en salir la pregunta. El fútbol es la auténtica marca España.

—Yo, del Madrid —respondo.

—Pues a mí no me gusta el fútbol, pero soy del Real —contesta.

Su risa es estridente, lo que le valdrá el mote del Risas. Si tenemos que estar mucho tiempo con esta gente, mejor ponerles sobrenombres para que no sepan que nos estamos refiriendo a ellos.

—¿Os han pegado?

La pregunta se repite en cuestión de pocos minutos. Aquí lo habitual es que a los secuestrados se los golpee hasta la saciedad. A nosotros, de momento, nadie nos ha tocado un pelo. «Yo cuidaré de ti», me vienen a la mente estas palabras de Usama. Quizá se refería a esto.

—¿Cuánto tiempo estaremos aquí? —pregunta uno de mis compañeros.

—Dos semanas. Quizá un mes —responde el Risas—. Os daremos las cámaras, los pasaportes, los ordenadores y el dinero antes de marcharos porque nosotros no somos unos ladrones.

—Solo los pasaportes —puntualiza el Gafulis corrigiendo a su amigo.

—Bueno. Yo trataré de que volváis a casa con todo vuestro equipo —incide a pesar de la apreciación del otro—. Así que España, ¿eh? Me gusta. Al-Ándalus. Cuando la guerra termine en Siria, iré a visitaros. No llamaréis a la policía para que me detenga, ¿verdad? ¡Guantánamo no! —ríe.

Si los primeros carceleros no habían visto un secuestro ni por televisión, lo de estos es aún peor. Nos ofrecen de todo, hasta chocolatinas, y nos dicen que podemos movernos libremente por la casa. No sé si se trata de una treta para sonsacarnos información o ciertamente vamos a poder campar a nuestras anchas.

El Risas tiene incontinencia verbal. Cigarro tras cigarro, va animándose. Aunque no hablamos el mismo idioma, hace esfuerzos por hacerse entender, incluso utiliza un traductor de una aplicación de teléfono móvil. Yo también me aplico a comprender lo que dice. Quizá pueda ser de utilidad en el futuro.

Nos cuenta que tiene treinta y cinco años y es padre de cinco hijos. Antes de la guerra, trabajaba en una fábrica de metalurgia en la ciudad de Alepo. Ahora es propietario de un cibercafé. Luchó al lado de los rebeldes hasta que lo hirieron en el brazo.

Aprovecha que el Gafulis se ha marchado de la habitación para hablarnos sobre su amigo. Tiene treinta y cuatro años. Es padre de dos hijos pequeños. Su primera mujer murió por un proyectil de mortero lanzado por el régimen. Esto le trastornó hasta tal extremo que desapareció durante una larga temporada. Se fue a vivir a Turquía. Regresó tras la muerte de tres hermanos más. Cogió las armas y se unió al Ejército Libre Sirio. Lo dejó tras volver a casarse. Ahora se dedica a cultivar el campo.

El tipo es una mina de información. Habla y habla sin parar. Quizá le incomode el silencio o piense que me da igual y que se me olvidará lo que me cuenta. Está equivocado. Guardo todo en mi cabeza, como si fuera una hormiguita.

Se oyen voces y ruidos. A través de la puerta de la habitación, puedo ver a dos hombres jóvenes que mueven un sofá y a un tercero empujando una pequeña nevera. La conecta a un enchufe. El intenso intercambio cultural con el Risas ha terminado. Se levanta para saludar a los recién llegados.

Los tres hombres, todos muy jóvenes —deben rondar los veinte o veinticinco años— entran en nuestra habitación. Van a cara descubierta. Nos saludan llevándose la mano al corazón. El mayor, al que llamaremos Joselito, es el único que habla inglés. Hará las veces de traductor el tiempo que permanezca en la casa. Lleva un chaleco azul con múltiples bolsillos, unos pantalones vaqueros y un polo también azul. En la mano izquierda luce un pequeño anillo de plata, con una piedra incrustada de color marrón. Estudió traducción e interpretación inglesa en la universidad, antes de la guerra. Está casado y tiene una niña recién nacida, de apenas semanas. Se considera un mal musulmán porque fuma.

A su lado está Guillermo. Así lo bautiza uno de mis compañeros porque dice que le recuerda a un amigo suyo. Alto, fuerte, rostro duro. Va en chándal. Está recién casado y es el único que no tiene hijos. También lleva una 9 milímetros. La guarda en la parte trasera del pantalón, pegada a la espalda.

El más joven de ellos también está casado. Pelo moreno, rizado y alborotado. Escasa barba. Poco más que una pelusilla. Lleva una larga levita blanca hasta los pies. Acaba de regresar de rezar en la mezquita. Es el más religioso de los cinco. El único que no fuma. Se le ven los dientes picados por exceso de azúcar. Sostiene una alargada pajita entre los labios. Tiene aspecto de bobalicón. Su parecido con Tom Sawyer, el inmortal personaje de Mark Twain, es increíble. En adelante para nosotros será Tom. El mote le sienta como anillo al dedo.

La vida en la casa es bastante pasiva. Se pasan todo el día tumbados en el suelo o en alguno de los dos sofás trasteando con sus teléfonos móviles. Están conectados las veinticuatro horas. Twitter. Facebook. Whatsapp. Telegram. Les da igual. Lo usan todo. Y todo al mismo tiempo. Están enganchados. Solo dejan las redes sociales para rezar. Todos, sin excepción, llevan la cabeza al suelo cinco veces al día. Lo hacen por turnos para que nunca estemos sin vigilancia.

Las relaciones con nosotros son bastante cordiales; incluso a veces parecen demasiado confiados. No es raro que nos den la espalda o que los superemos en número. En la cocina tenemos a nuestro alcance cuchillos, aunque, después de usarlos, se los tenemos que devolver. Guillermo, incluso, ha olvidado en varias ocasiones su pistola en el suelo o en el sofá en el que suele permanecer tumbado.

Por las mañanas solemos quedarnos en nuestro cuarto, aunque tenemos libertad de movimientos por la casa. Mis compañeros aprovechan el tiempo para continuar con su rutina de ejercicios y yo, para caminar por el perímetro de la habitación. Hablamos. Nos pasamos el día hablando de lo divino y lo humano. Uno de mis compañeros escribe sobre sus experiencias profesionales para mantener la cabeza ocupada mientras sueña que tal vez algún día pueda publicarlas.

A media mañana, cuando comienzan a preparar la comida, pasamos al salón de la casa. El Gafulis es quien cocina. Limpia las verduras. Fríe las patatas. Pela las berenjenas y las trocea en rodajas. Mezcla el yogur con ajo machacado, perejil y pepino. Trocea el tomate, la cebolla… Aprendió a cocinar tras quedarse viudo. Lo hace bien. Cada día prepara un plato diferente. Nosotros le observamos como si viéramos un programa del Canal Cocina. Nos entretiene. Yo, incluso, apunto alguna que otra receta. Es nuestro Arguiñano particular.

—¿Vosotros cocináis?

Pregunta trampa, pienso. Niego con la cabeza a pesar de que me encanta la cocina. Y no se me da nada mal. Mi plato estrella es un salmorejo andaluz que está para chuparse los dedos.

—Sí —responde uno de mis compañeros—. Soy un excelente chef. Siempre hago guisos muy ricos, paella y asados allá donde vivo.

—Bien. Mañana cocinarás tú —comenta Joselito sonriendo.

Mi amigo se decanta por algo tan español como la tortilla de patatas. Lo cierto es que no es tan buen cocinero como les ha hecho creer. De haberlo sabido, quizá no le habrían ofrecido hacerse cargo de los fogones. Es verdad que las sartenes no son las adecuadas, pero no es menos cierto que la primera tortilla acaba quemada y la otra, destrozada y reconstruida, por decirlo de algún modo. Las decora con tomate exprimido por encima. Al probarlas, constatamos que en vez de sal les ha puesto azúcar.

Los carceleros comen las *delicatessen*, pero básicamente porque son cerca de las cuatro de la tarde. No han ingerido alimento alguno desde el desayuno y se mueren de hambre. Se comerían cualquier cosa en este momento. Nunca más le dejan cocinar y pronto Tom comienza a llamar a mi compañero Abu Tortilla («Papá Tortilla»).

Al anochecer permanecemos todos juntos en el salón. Es cuando el generador funciona y hay luz eléctrica en la casa. Ellos siguen a lo suyo con los teléfonos. Nosotros bebemos té antes de marcharnos a dormir. Por la ventana de la habitación miro la luna llena. Es enorme. Suelo ser de los primeros en irme a dormir. No me apetece compartir un segundo más con estos tipos.

Las noches son tranquilas. Cerramos la puerta del cuarto para evitar que entre la luz de una potente bombilla que ilumina el salón donde están nuestros carceleros. Uno de ellos siempre permanece de guardia, aunque se van turnando cada cuatro o cinco horas. Se pertrechan con un chaleco repleto de cargadores y un AK. Lo hacen más como medida de intimidación que porque tengan intención de usarlo contra nosotros.

Tenemos que llamar a la puerta antes de salir del cuarto para ir al baño que está fuera de nuestra habitación. Nos insisten mucho en este punto. Siguen tomando precauciones a pesar del trato afable.

Todos menos el Gafulis duermen en la casa. Se pasan las horas tomando bebidas energéticas, comiendo pipas, fumando, hablando entre ellos, chateando y jugando en internet hasta bien entrada la madrugada.

Sobre las seis se escucha al muecín de una mezquita cercana llamar a la oración. Parece que tenemos el altavoz dentro de la habitación. Los tipos se despiertan los unos a los otros y rezan todos juntos. Después, vuelven a acostarse.

Me cuesta conciliar el sueño. Cuando no son sus conversaciones, son sus gritos, sus risas, el sonido de sus teléfonos móviles cuando reciben un mensaje o el muecín. Mi cabeza tampoco me ayuda mucho. Le doy vueltas y vueltas sin parar hasta que caigo rendido sobre el colchón prácticamente cuando ya es de día, y la luz que entra por la ventana me impide dormir. Me encuentro cansado, desanimado y desesperanzado.

Trato de dormir, pero una y otra vez me viene a la mente la imagen de Abu Hamza. Allí de pie ante mí. Sonriente, el muy cabrón. Me gustó que desviara la mirada cuando mis ojos, llenos de rabia y de odio, encontraron los suyos. Fue una pequeña victoria. ¿Remordimientos? ¿Mala conciencia? Puede que solo fuese un gesto involuntario.

La última imagen que tengo de él es en el calabozo. Cuando se pasó el dedo pulgar por el cuello. Su sonrisa malévola y su cara de satisfacción. Hacía muchísimo tiempo que pensaba que nos había vendido. Al verlo allí mis dudas se despejaron. Pero surgieron otras...

¿Qué ha sido de Usama? Su mejor amigo nos vendió. ¿Y él? Es colaborador necesario. Cuando preguntamos por él, la respuesta siempre es la misma: «Está detenido». ¿Dos meses después sigue retenido? ¿Con qué propósito? Es sirio y los que nos tienen no van a sacar absolutamente nada de él. Entonces ¿para qué retenerlo? ¿Se habrán deshecho de él para que no hable? ¿Le habrán amenazado? Lo dudo mucho.

Sin él, jamás habrían accedido al piso donde estaban nuestras pertenencias. De estar en libertad, habría ido corriendo a denunciar a Abu Hamza ante Ahrar al-Sham. Usama está metido en esto tanto o más que su amigo. Y yo confié en él. Estúpido de mí. Creí a pies juntillas su palabra. Pensé que era buena persona...

Pero en el fondo le entiendo o por lo menos quiero tratar de entenderle y de justificarle. Cuatro años y medio de guerra. Sin trabajo. Sin esperanza. Sin futuro. Sin posibilidad de prosperar. Con toda la familia en Turquía. ¿En su situación no haría lo mismo? Es decir: tres occidentales pagan cien dólares al día por trabajar en Alepo. ¿Qué sentido tiene jugarse la vida por ese dinero cuando los grupos yihadistas pueden pagar cinco o diez mil por cada uno de ellos?

No. Con casi toda seguridad Usama no está enterrado en una cuneta con un tiro en la nuca. Ni lo han decapitado. Está escondido en algún agujero hasta que sea seguro para él volver a aparecer en escena. Y lo hará como si nada. Haciéndose la víctima... Es como si lo viese.

Le envidio. Sí. Le envidio por poder dormir tranquilo cada noche después de traicionarnos. Yo soy incapaz de hacerlo pensando en haber fallado a los míos. Cierro los ojos. Tengo la esperanza de que, al abrirlos, me despierte de esta pesadilla…

El ajedrez

El precario folio que hace las veces de tablero de ajedrez está arrugado. Ha estado mucho tiempo guardado en el armario. Aun así, lo coloco en el suelo y lo estiro lo mejor posible. Para jugar entre nosotros vale de sobra, aunque no creo que lo homologasen los jueces del Campeonato Mundial. Voy poniendo las dieciséis figuras sobre él. Juego con blancas. Mi compañero hace lo mismo, pero con las negras. «No ha quedado tan mal», pienso para mí, al ver todo ubicado en su sitio correspondiente.

Es cierto que los dibujos de las fichas dejan bastante que desear y cualquier parecido con la realidad es mera coincidencia. Cuesta distinguir los alfiles de los peones. Las torres son algo semejante a un castillo ruinoso y lo de los caballos es cosa aparte.

Hace muchísimos años que no juego al ajedrez. Fue mi madre quien me enseñó. Cuesta encontrar tiempo para sentarse con ella. No soy un gran jugador, lo reconozco. Pero me entretiene y aquí no tenemos otra bola que rascar. Los sirios nos observan con atención. Les pido permiso antes de empezar a jugar. El islam prohíbe todos los juegos de azar, incluidos aquellos en los que se usan dados. En el ajedrez lo importante es la concentración, la rapidez mental y la estrategia. Pero aun así prefiero preguntar para no herir sensibilidades. El Gafulis asiente para dar su aprobación. Me toca mover…

—¿Os gusta el ajedrez? —pregunta Joselito, quien, ubicado en un costado, ha dejado el teléfono móvil para seguir la partida con atención.

—Sí —respondo—. De pequeño solía jugar.

—¿Quién ha dibujado esto?

—Lo hice yo mientras estuvimos en la otra casa. No teníamos nada con que pasar el tiempo, así que me pareció una buena idea. Era una forma de estar entretenidos, pero nunca llegamos a jugar porque no había luz suficiente para distinguir las figuras.

Joselito asiente mientras da una larga calada a su cigarrillo. Tom nos mira con curiosidad. Toma las figuras que vamos eliminando y le pregunta a su amigo qué significa cada una.

—¿Tú sabes jugar? —pregunto.

—Sí, me enseñó mi abuelo cuando era niño, pero nunca me gustó. Hay que pensar demasiado y estar muy concentrado. Quizá una o dos partidas, pero me canso rápido. Soy más de jugar a las damas —responde Joselito en inglés.

—Las damas no son lo mío... Pero tampoco me importaría jugar —le respondo.

Mi compañero hace un movimiento equivocado. ¡Jaque mate! Fin de la primera partida. Ha durado menos de lo que me habría gustado, pero el objetivo está cumplido con creces: evadirnos, por unos minutos, de este maldito lugar y de nuestra situación, y tener la cabeza ocupada en otra cosa que no sea lo mismo de siempre. Ha valido la pena. Volvemos a colocar las figuras en sus lugares correspondientes. Empezamos de nuevo...

¡Tablas! Esta ha estado más reñida. He perdido rápidamente la reina y me ha costado salvar los muebles. Estoy bastante oxidado. He tenido que sudar para poder defender las tablas, pero lo he logrado. Mi amigo tampoco es un jugador brillante, de lo contrario habría aprovechado mis errores para destrozarme.

Una victoria y un empate. No está nada mal para este primer envite. Mi compañero decide retirarse por esta noche. Tom sigue mirando el tablero y las fichas con curiosidad. Le hago un gesto con la mano para invitarle a sentarse. Se lo piensa. Sonríe. Declina moviendo la cabeza hacia arriba, ese gesto tan sirio que uno no sabe si afirma o disiente. Se marcha, teléfono móvil en mano, para tirarse cuan largo es en el sofá.

Busco contrincante. Me apetece seguir jugando. Miro a mi otro amigo, quien, desde un discreto segundo plano, ha estado atento a cada movimiento. Le hago un gesto por si se anima.

—Soy más de mirar que de jugar —me responde—. A mí eso de estar tanto tiempo pensando y en silencio me aburre. Al final acabo moviendo al tuntún para terminar lo antes posible.

Está claro que por hoy se ha acabado lo de jugar. Recojo el folio y las etiquetas de los quesitos donde están dibujadas las fichas, y lo guardo todo en la habitación para poder usarlas al día siguiente.

Es noche cerrada. Hace calor. Muchísimo calor. No corre nada de aire. Las puertas y las ventanas están abiertas. Mis dos amigos conversan en uno de los sofás. El Gafulis y Tom juguetean con sus teléfonos móviles, para variar, en el suelo, que es el lugar más fresco de toda la casa. El resto de nuestros carceleros se ha marchado.

Me siento en el suelo, apoyando la espalda en la pared, justo frente a mis compañeros. La puerta de la casa está a menos de un metro. Podría levantarme de súbito y salir corriendo. Los metería en un aprieto. ¿Se quedarían o me perseguirían? Somos tres contra dos. Pienso en silencio, agacho la cabeza y me miro las manos; cierro los puños y los aprieto con rabia. ¿Sería capaz de golpearlos y de reducirlos? No.

—¿En qué estás pensando? —me pregunta el Gafulis con gesto inquisidor.

—En mi familia —miento.

—Tú siempre estás pensando y pensando. Quieres escapar de aquí, lo sé. Si lo haces, te pegaré un tiro —me espeta mientras me muestra el arma que siempre lo acompaña.

Sonrío irónicamente. Niego con la cabeza y agacho la mirada. ¿Me pegaría un tiro? Muy probablemente. El disparo alertaría a los vecinos y tendría que dar demasiadas explicaciones. Nos deberían mover a otra casa. Llevarme al hospital. ¿Serían capaces de no hacerlo y dejar que muriese desangrado? Todo es posible, así no llamarían la atención. Ir al hospital sería una oportunidad perfecta para tratar de huir. Allí podría gritar, alertar a los médicos...

Tom se sienta junto a mí. Rebusca en el menú de su teléfono móvil. Fotografías. Vídeos. Los va pasando después de ponerlos solo un instante. Busca uno en concreto. Lo ha encontrado. Lo pone en *play* y lo amplía para que ocupe toda la pantalla.

Una docena de hombres, vestidos con pijamas negros como el nuestro, caminan encorvados y maniatados. Junto a ellos, a modo de escolta, un grupo de yihadistas del Estado Islámico los sujeta por la nuca mientras recorren un huerto de olivos. Cada uno de los milicianos toma un cuchillo dentado. Arrodillan a los reos. John el Yihadista mira directamente a la cámara y lanza un mensaje. Acto seguido, todos los presos son tendidos en el suelo.

Aparto la vista de la pantalla del teléfono momentos antes de que el acero rasgue la piel y los degüellen a todos. No me hace falta ver cómo termina la escena, lo sé, la he visto en múltiples ocasiones.

—Te vamos a hacer famoso en España —me dice el Gafulis sonriendo.

Desvío la mirada. Resoplo. Trato de contener las lágrimas. «¿Famoso? ¡Tu puta madre!», pienso para mí. Me imagino a mi familia viéndome por televisión, vestido de negro o naranja, da igual, momentos antes de que un fanático me rebane el cuello en nombre de Alá. ¿Famoso? Gracias, pero no, gracias.

Me levanto del suelo y me dirijo a mi habitación. No quiero que me vea llorar. Me tumbo sobre el colchón. La luz está apagada. Lloro en silencio. Aprieto los dientes.

—¿Qué te pasa? —pregunta el Gafulis desde la puerta de nuestra habitación—. ¿Por qué te has ido?

—Me vais a cortar la cabeza —le respondo haciendo un gesto con el pulgar.

Aunque estoy en penumbra, me vislumbra entre sombras. Enciende la luz y se sienta junto a mí.

—¿Por qué dices eso?

—Tu amigo me ha puesto un vídeo de una ejecución del Estado Islámico —explico—. Nos vais a hacer lo mismo. No lloro por mí, sino por mi familia, porque ellos lo van a ver por televisión.

El Gafulis saca su teléfono de uno de sus bolsillos. Empieza a juguetear con él. ¿No han tenido suficiente con mostrarme un vídeo, ahora van a enseñarme otro? Me acerca el móvil. Hace un gesto llevándose los dedos a los ojos y, posteriormente, señala la pantalla del aparato. Quiere que lea.

«Eres periodista. No has venido a Siria a matarnos. No eres un yihadista. Has venido a hacer fotografías y vídeos. Nosotros no asesinamos a gente inocente. Nosotros no matamos a cristianos. Los yihadistas del Estado Islámico no son musulmanes. No son el islam. No creen en Alá. Nosotros sí. Estás en buenas manos. Confía en mí.»

Ha usado un traductor para comunicarse conmigo. ¿Confiar en quienes me tienen secuestrado? ¿Confiar como hice con Usama? Le devuelvo el teléfono. Le agradezco su gesto, pero prefiero quedarme a solas en la habitación. Asiente.

—Volverás pronto a casa —dice antes de marcharse.

Es la segunda vez en pocos meses que me dicen: «Confía en mí». La vez anterior fue Usama y acabó traicionándome. ¿Por qué va a ser diferente ahora?

—Para vosotros —dice Joselito, y me entrega un tablero de ajedrez que aún está envuelto en el plástico.

¡Nuestros secuestradores nos acaban de comprar un ajedrez! Les ha costado mil libras sirias, un poco menos de cuatro euros. El precio está escrito en rotulador negro con caracteres árabes. Lo abro con delicadeza. Casi con mimo. Tengo miedo de que se rompa y nos quedemos sin él. Acaricio las piezas de madera. Las huelo. No es el mejor ajedrez del mundo, desde luego. Pero, en las circunstancias en las que nos encontramos, es un regalo maravilloso.

Coloco el tablero sobre las frías baldosas del suelo del salón. Voy poniendo las piezas una a una. Primero las blancas y luego las negras. Esto ya es otra cosa. Mi amigo se sienta frente a mí. Sonríe. Yo también lo hago. Estoy feliz. Puede sonar estúpido o frívolo, pero esos trozos de madera inerte han conseguido sacarme una sonrisa después de un día complicado pensando en el vídeo de las decapitaciones. El ser humano, en circunstancias extremas, es capaz de aferrarse a algo tan nimio como un tablero de ajedrez. En casa tengo uno guardado en el armario desde hace años sin prestarle atención y sin darle mayor importancia; en Siria me ha hecho sonreír.

Muevo yo. Abro con el caballo. Mi compañero opta por avanzar con los peones. La primera escaramuza no tarda en llegar. Los peones empiezan a caer. Muevo el alfil. Luego la reina. Comienzo a sacar la artillería pesada de la cueva. Siempre he creído que la mejor defensa es un buen ataque. Sucesión de golpes. Torres que caen. Caballos que se desbocan. ¡Jaque mate! Gano de mano. Solo le he dejado el rey. Mi compañero no ha tenido más remedio que rendirse.

—¿Otra? —pregunto envalentonado y entusiasmado.

—Quizá mañana —responde—. Por hoy he tenido bastante.

Tom ha seguido toda la partida con atención. Repito el mismo gesto de anoche y le invito a sentarse. Para mi sorpresa, acepta. Esto sí que va a ser un reto. Mi oponente jamás ha jugado una partida. No sabe qué significa cada figura ni cómo se mueven sobre el tablero. Él no habla inglés y mi árabe es demasiado básico como para hacerme entender. Empiezo por la parte teórica del asunto antes de meternos en harina.

—Este es un peón —digo tomando la pequeña figura entre las manos y enseñándosela—. Hay ocho blancos y ocho negros. Se mueven una casilla hacia delante, siempre hacia delante. No puedes mover hacia atrás, ¿entiendes?

Me mira con atención. Coloco el peón sobre el tablero para que entienda lo que le digo con mi mezcolanza de inglés y árabe.

—Los peones solo pueden *comerse* otra figura que esté en diagonal. ¿Me sigues?

Toma un peón y lo mueve tal y como le he dicho para darme a entender que sí, que me ha entendido. Algo es algo. Es el turno del alfil.

—Se parece al peón, pero es totalmente diferente. Hay dos alfiles. Uno blanco y otro negro. Se mueven en diagonal tantas casillas como se desee. Y, muy importante, no pueden cambiar de color durante la partida. ¿OK?

Lo coloco sobre el tablero y lo muevo de un lado a otro. Siempre en diagonal. No tengo muy claro si me ha entendido. Joselito está con el teléfono móvil. No le veo muy dispuesto a hacerme las veces de traductor. Miro a Tom a los ojos. Resoplo. Esto va a ser más complicado de lo que creía. Y eso que aún no hemos llegado al caballo.

—Se mueve siempre en forma de L. Puede saltar sobre cualquier pieza colocada sobre el tablero. En forma de L. ¿Ves?

—¿Las otras figuras también pueden saltar por encima? —quiere saber.

—Leisa. Husaan, vas («no, solo el caballo», en árabe).

Asiente con la cabeza. Los movimientos de la torre, el rey y la reina son más sencillos de explicar. Aun así, me cuesta que los entienda.

—¿Qué pasa cuando se mata al rey?

—Khalas! («¡se acabó!»).

—Khalas! —repite eufórico—. *Aliaun ana khalas anta!* («hoy yo acabaré contigo»).

—*Mumkin* («tal vez») —replico con una sonrisa. Teniendo en cuenta el contexto en el que nos encontramos, esa frase puede ser bastante premonitoria.

Turno de colocar todas las piezas sobre el tablero. Las torres, en las esquinas. Los caballos, al lado de las torres. Los alfiles, al lado de los caballos. La dama, en su color, y por último el rey. Y en la fila delantera, los ocho peones. Tom mira mis piezas y hace lo propio con las suyas.

Hora de poner en práctica lo aprendido. Abro yo con blancas. Tom toma uno de los alfiles y salta sobre los peones.

—*Leisa. Husaan, vas!* —le recrimino su acción.

Tras el error inicial, se decanta por mover sus peones. La partida va muy lenta. Excesivamente lenta y con infinidad de parones. Tengo que recordarle cada movimiento. Trato de que entienda el juego. De que piense y se concentre. Que no mueva a lo loco. Que mire el tablero y trate de adelantarse a mi jugada. Y todo esto con gestos y ayudándome de algunas palabras en árabe e inglés.

Cada vez que comete un error, se golpea la cabeza. Pero, si captura una de mis figuras, alza los brazos. Disfruta como un niño. Creo que le gusta. Un par de movimientos más y fin de la primera partida.

—¿Otra? —me dice con un gesto de la mano.

—*Aiwa* («sí»).

Me apetece abusar un poco de Tom. Quiero vengarme por el vídeo que me mostró anoche. He decidido finiquitarlo por la vía rápida. Me decanto por el mate del pastor. «¡Que se joda!», me digo para mí sonriendo.

Abro moviendo el peón del rey E2 a E4. En mi siguiente movimiento, el alfil que está al lado del rey F1 a C4. Muevo la reina en diagonal cuatro casillas. D1 a H5. Tom no se ve venir la jugada. Mueve al tuntún. Deja a su rey a mi merced. ¡Zas! Mi reina toma el peón de su alfil en F7.

—*Khalas!* —le grito—. ¡Jaque mate!

—*Khalas?*

—Sí, capullo. Te acabo de ganar —le digo en castellano.

—¿Otra?

—*Bukra Inshallah* («mañana, si Alá quiere») —le respondo.

Parece que le ha dado fuerte al sirio con esto del ajedrez. Tenemos todo el tiempo del mundo. ¿Será por tiempo? Pero, como diría Baltasar Gracián y Morales, «lo bueno, si breve, dos veces bueno». Recojo las fichas. Doblo el tablero. Me levanto y le dejo allí con dos palmos de narices. Mañana más y mejor.

El espía

Tom se ha aficionado al ajedrez. Entra en la casa dando voces para que me despierte. Su intención no es otra que volver a jugar conmigo. Si el vocerío no surte efecto, opta por entrar en nuestra habitación y balancearme hasta lograr despertarme.

—*Yallah! Yallah!* («¡vamos!»).

—*Shuai, shuai habibi!* («tranquilo, tranquilo, querido») —le espeto mientras me estiro.

Si hubiera sabido que le iba a dar tan fuerte, me habría planteado seriamente si enseñarle a jugar. Los únicos momentos del día en los que no juega son durante los rezos, cuando tiene que ayudar al Gafulis con la comida o cuando duerme la siesta. El resto del tiempo lo pasa pegado al tablero.

Es el 9 de septiembre. Sigue haciendo un calor terrible. Bostezo. Me desperezo. Me quito las legañas. Resoplo. Me cuesta ponerme en pie por las mañanas. No concilio bien el sueño y luego me paso todo el día aplatanado. Doblo la manta y la dejo sobre el colchón. Veo que Tom va colocando las piezas sobre el tablero.

—La reina siempre en su color —le recuerdo, y le señalo la dama blanca colocada sobre el escape negro.

El joven sirio asiente y la cambia con el rey. No deben ser más de las diez de la mañana. Aún no ha cantado el muecín para llamar a la segunda oración del día, la de mediodía. No me apetece absolutamente nada ponerme a jugar recién levantado, pero tampoco tengo otra cosa que hacer. Me sirvo un té. Humea. Me paso los dedos por los ojos nuevamente.

—*Aliaun anta khalas!* («hoy será tu final»).

—*Mumkin* («tal vez») —respondo.

Todos los días con la misma cantinela. «Esto me pasa por ayudarle y ser tan permisivo en los movimientos», pienso para mí. Pero, de otro modo, las partidas no durarían más de cinco o seis minutos. Él se acabaría cansando de perder tan rápido y yo no tendría con quien jugar, así que prefiero darle manga ancha y dejarle que rectifique sus movimientos todas las veces que sea necesario.

—*Mushkila!* («¡problema!») —le digo al ver que ha movido incorrectamente la reina y que la puede perder.

—*Mafi muskhila!* («¡no hay problema!») —responde; devuelve la figura a su posición anterior y escoge otra jugada, como si no hubiese pasado absolutamente nada.

Golpean la puerta de entrada de la casa con fuerza. Una. Dos. Tres veces. Tom mira al Gafulis. Este deja de pelar judías verdes y nos hace un gesto con la cabeza para que nos encerremos en la habitación. Es lo que solemos hacer cuando tienen visita. Dejamos la partida a medias. Colocamos el tablero pegado a la pared. El joven se levanta y va hacia la puerta.

—¿Quién es? —pregunta mientras camina por el pasillo de la casa que da al patio interior.

Uno de mis compañeros cierra la puerta de nuestra habitación. Nos sentamos sobre los colchones y esperamos en silencio. Nos miramos unos a otros preguntándonos quién será esta vez. ¿Los hijos del Gafulis? ¿El hermano yihadista del Risas? La puerta del cuarto se abre y entra un tipo embozado que nos mira fijamente. Nos cuesta reconocerlo. «¡El Coleto!», exclamo para mí.

—*Salam Aleikum* —saluda.

—*Aleikum Salam* —respondemos los tres al unísono.

Se acerca y nos estrecha la mano con gesto amigable.

—¿Cómo estáis? ¿Todo bien? ¿Os tratan bien? —se interesa.

—Todo bien. Esperando…

Asiente con la cabeza sin decir una palabra más. Me mira fijamente. Se me acelera el corazón. Aunque mis amigos han tratado de calmarme durante las últimas semanas en relación con el incidente de L.M., sé que la situación es muy delicada. Intuyo una sonrisa bajo el verdugo negro.

—Antonio, ¿puedes acompañarme? —me dice saliendo de la habitación y dejando la puerta abierta.

Miro a mis dos compañeros. Ninguno dice absolutamente nada.

—Esto no va con nosotros, así que es mejor que te quedes callado —suelta el fotógrafo leonés cuando Ángel trata de decir algo al respecto.

En el salón hay otros dos hombres aparte de Tom y el Gafulis. Los saludo. El Coleto me invita a sentarme en el suelo de otra de las habitaciones de la casa y cierra la puerta.

Me mira en absoluto silencio. Me estudia. Sabe que estoy aterrado. Huele mi miedo, así que se toma su tiempo para que la tensión vaya en aumento.

—Eres un mentiroso —dice finalmente.

—¿Perdona?

—Me has mentido. No eres periodista. No eres lo que dices ser. Me has engañado —me acusa, y saca un pequeño cuaderno de espirales y un bolígrafo de un bolso-bandolera.

—No sé de qué estás hablando —le respondo.

—No sabes de qué te estoy hablando, ¿eh? Bien… ahora entenderás.

Abre el cuaderno y escribe una palabra en letras mayúsculas. No me la enseña.

—Has mandado un mensaje a L.M.

—¿Cómo? —contesto sin poder salir de mi incredulidad—. ¿Mensaje?

—Sí, lo sabes perfectamente. Le has mandado un mensaje en las preguntas que respondiste y que eran para tu Gobierno.

—¡No, no! Te estás equivocando. No he mandado un mensaje a nadie. Te lo juro.

—¿De verdad? No te creo. Pensaste que eras más listo que nosotros, y no es así.

Me pasa el cuaderno donde ha escrito la palabra *nurse* («enfermera», en inglés). Leo la palabra y lo miro fijamente sin entender qué me quiere decir. Le devuelvo la libreta.

—¡Le has dicho a L.M. quiénes somos! ¡Nos has mentido! ¡Trabajas para tu Gobierno! ¡Eres un espía! —me espeta de carrerilla y a bocajarro.

—¿Qué? ¡No, no! Te equivocas. ¡No le he mandado ningún mensaje a nadie! Te lo prometo —le digo por segunda vez—. Soy periodista, de verdad. Puedes ver mis trabajos en internet. Mis redes sociales, mis premios…

—Todo eso se puede manipular —me interrumpe—. Cualquier Gobierno del mundo puede crear un perfil falso para hacerlo pasar por verdadero. ¡Eres un mentiroso!

—Pero ¿por qué crees eso? ¡No le he mandado ningún mensaje a nadie! —recalco nuevamente, y subo el tono de voz en un intento de que mis palabras sean aún más contundentes. Trato de convencerle, aunque lo veo bastante complicado.

Me entrega el folio con mis respuestas a L.M. La palabra *nurse* está subrayada con dos líneas.

—¿Y? —le pregunto sin entender absolutamente nada—. Mi amiga es EN-FER-ME-RA —le digo enfatizando cada sílaba—. En inglés *NUR-SE*.

—Ya. Claro, claro —dice condescendientemente—. Les has dicho quiénes somos.

—¿De qué coño me estás hablando? Habla claro de una vez porque no te entiendo.

Vuelve a escribir en la libreta y me la entrega. Junto a la palabra *nurse* ha escrito «nusra». ¡No! ¡No! ¡Putos paranoicos!

—¿Ves? Les has dicho qué grupo te tiene. Me has engañado, Antonio.

Me muerdo el labio de puro nerviosismo. Niego con la cabeza. No sé qué decir. De hecho, da igual lo que diga. No van a cambiar su opinión. Creen que tienen a un espía español.

—Ahora me vas a dar tus cuentas de correo electrónico, de Skype, de Facebook, de Twitter y sus contraseñas. Vamos a investigarte…

Comienzo a escribir todas las cuentas y sus respectivas contraseñas.

En ese momento la puerta de la habitación se abre y entra un segundo hombre al que jamás he visto. Se sienta al lado del Coleto. Me mira en silencio. Le tiendo la mano para saludarle y la rechaza. Sigo escribiendo…

El Coleto mira la libreta y se la entrega al otro tipo. Tiene los ojos verdes. Se ha colocado mal el pasamontañas y deja al descubierto su cabello rubio. Asiente y se la devuelve.

—Tu Gobierno no se está preocupando por ti —dice en un inglés bastante malo—. No les interesa lo que podamos hacerte. No quieren que vuelvas a casa junto a tu familia.

El tipo saca una pistola y la coloca en el suelo. Con el cañón apuntándome.

—Tenemos dos opciones —retoma el hilo de la conversación—. Te vendemos a otro grupo o te matamos. Si no conseguimos lo que queremos, trataremos de obtenerlo por otro lado, o quizá decidamos mandar un mensaje a tu Gobierno cortándote la cabeza. A nosotros nos da exactamente igual matarte ahora mismo. ¿Entiendes?

Asiento sin decir palabra.

—Tu situación ha cambiado, Antonio —me dice el Coleto—. Tu amigo L.M. nos prometió muchísimo dinero por vosotros... y luego nos amenazó con enviarnos un grupo de fuerzas especiales del Ejército español para liberaros. Es un mentiroso, como tú. Nosotros no jugamos. Matamos gente. Quiero que tengas claro ese punto. Tu situación es, ahora mismo, extremadamente delicada. Nos planteamos diversas opciones. ¿Me estás entendiendo?

Vuelvo a asentir.

—En Siria no se negocia por los espías —me amenaza—. Aquí los matamos en público para mandar un mensaje a los Gobiernos occidentales que creen que los sirios somos marionetas.

—Bien. Ahora vuelve con tus compañeros —me ordena el de los ojos verdes.

—¿Qué tal? —me pregunta uno de mis compañeros—. ¿Cómo fue?

—Vosotros, bien. Yo lo tengo bastante más jodido —respondo.

Resoplo y aprieto los dientes con fuerza. Prefiero no entrar en más detalles de los necesarios. No quiero alarmarlos.

—¿Qué te han dicho para que pienses eso?

—Que soy espía —digo sin dar más datos—. Y que mandé un mensaje al Gobierno.

Camino por el perímetro de la habitación. Estoy nervioso. No tengo cuerpo para echarme sobre el colchón. Sé que no voy a ser capaz de dormir, así que prefiero caminar y caminar, aunque no vaya a ningún lado. Ángel escribe y el leonés trata de dormitar, aunque, de vez en cuando, abre el ojo para hablar conmigo.

—No te van a hacer absolutamente nada —me dice—. Son solo unos pringados que te quieren meter miedo. La importancia se la das tú.

—Ya… —respondo con sopor.

Llevo semanas escuchando lo mismo. Sé que lo hacen para quitar hierro a la situación, pero me empieza a molestar un poco. Comienzo a pensar que el único que comprende cabalmente la situación real de todo esto soy yo. Creo que mis dos amigos piensan que esto es un juego o que, como el secuestro ha ido como la seda hasta este momento, las cosas no pueden torcerse.

—Sois conscientes de que la aparición de L.M. me va a joder la vida, ¿verdad?

—¡No te van a hacer nada! —repite el fotógrafo—. Cuando salgas de aquí, te podrás tirar a todas las tías que quieras cuando les cuentes eso de que querían cortarte los dedos. ¡Eres un paranoico!

—Deja de darle vueltas a eso, por favor —me dice Ángel en un intento de rebajar la tensión—. Y tú no le digas eso.

Miro al leonés con odio y rabia. De buena gana le soltaría un puñetazo. Cierro el puño. Me detengo ante su colchón. Le miro desafiante.

—¡Vete a la mierda! —le espeto.

Salgo de la habitación. Los dejo allí con un palmo de narices. Se supone que deberíamos ayudarnos y apoyarnos, en lugar de jodernos. Para eso ya están los tipos que nos tienen secuestrados. Nosotros no somos el enemigo.

El teléfono móvil

Es el 11 de septiembre. Viernes. Sesenta y un días secuestrados. Ocho semanas privados de libertad. Llevo la cuenta en la cabeza. ¿Se sabrá en España que estamos secuestrados? Pienso en mis compañeros del anterior secuestro. Se tardó cerca de tres meses en hacerse público. Quizá con nosotros pase algo parecido. Ojalá sea así. Ojalá aún no se haya difundido. Ojalá podamos volver a casa sin que se tengan noticias de lo que nos ha ocurrido. No quiero ni imaginarme a mis padres o a mis hermanos recibiendo llamadas para preguntar si es verdad lo que se acaba de ver por televisión. Dando explicaciones. Y los medios haciendo preguntas. Uffffff… Menos mal que Cristina está al mando. Confío ciegamente en ella.

Está nublado. Amenaza tormenta. Tormenta de verano. Por lo menos refrescará y el calor agobiante nos dará un importante respiro. En el salón observo a nuestros secuestradores.

Han sido poseídos por el espíritu de la limpieza. Han puesto patas arriba la casa. Sacuden el polvo de las alfombras y de los colchones en el patio exterior. El Gafulis ordena y dispone mientras se encarga de la cocina. En una olla enorme hierven los vasos. Mientras tanto, Tom y Guillermo inundan las habitaciones de agua para limpiar el suelo. Joselito no está. Habrá ido a la compra, como de costumbre. Es el encargado de manejar el dinero. Es la mano derecha del Gafulis. El Risas no hace acto de presencia por las mañanas; estará en el cibercafé. Solo viene por la noche a atiborrarse de bebida energética y tabaco.

Hace dos días que no dirijo la palabra a mis compañeros. Las palabras del leonés me hicieron mella. Espero una disculpa que sé que no se va a producir. ¿Demasiado orgulloso para asumir que se equivocó? ¿Quizá no fuese ni consciente del daño que me hizo su frase? Tengo claro que no se disculpará conmigo, pero aun así lo espero con ansia. Necesito volver a hablar con ellos.

Llevo dos días sin intercambiar una sola palabra con nadie y es complicado, muy complicado, porque siento la necesidad de hablar y de explicar cómo me encuentro. Mis miedos… Creo que no hay mayor castigo que no poder hablar con otro ser humano.

Durante estos dos días Tom me ha insistido para jugar al ajedrez, pero le doy largas con el pretexto de que me duele mucho la cabeza. No tengo ganas de nada, salvo de volver a hablar con mis amigos.

—¿Qué día es hoy? —le pregunta uno al otro.

—Jueves.

—¿Seguro?

—Sí, estoy seguro.

—No. Hoy es viernes. Viernes 11 de septiembre. Hace quince años que derribaron las Torres Gemelas —intervengo en la conversación.

Ninguno de los dos trata de corregirme. Soy quien lleva la cuenta de los días. Siempre me preguntan el día de la semana o cuántos días de secuestro llevamos.

—En dos días va a hacer dos meses que nos secuestraron —dice uno de ellos.

Nadie añade nada más. No hace falta. Dos meses lejos de casa. Sin que nuestras familias tengan noticias sobre nosotros, más allá de un par de fotografías. Pero lo bueno es que vuelvo a hablar con mis amigos. Esta es nuestra forma de hacer las paces. Hay mucha tensión acumulada, muchos sentimientos a flor de piel. No les guardo rencor, al contrario... Los quiero como si fuesen mis hermanos.

Miro el tablero de ajedrez. Está arrinconado; llevo días sin tocarlo. Sería genial tener la cabeza ocupada en estos momentos. Sé que jugar me ayudaría, pero solo carece de sentido. Ángel dice que no tiene cuerpo para nada, sobre todo después de la visita del Coleto. Que volverá a jugar cuando tenga claro que saldrá de Siria con vida y regresará a casa. El leonés sigue enrocado. No quiere jugar porque hay que pensar y se aburre. Mi única esperanza es Tom, pero parece que se ha aburrido de perder siempre. Ahora soy yo quien le busca, pero me da largas una y otra vez.

El sirio se pasa el día tumbado en el suelo jugando con el teléfono móvil. ¡Putos móviles, qué asco les tengo! Se ha descargado varios videojuegos. Sobre todo bélicos. Lo más curioso es que, cada vez que aparece una mujer sin velo, le tapa la cara con el dedo para no verla.

—*Haram! Haram!* —dice Tom riéndose y mostrando sus dientes carcomidos por el exceso de azúcar.

Está como una cabra. Llevamos casi un mes con estos tipos y Tom ha demostrado con creces ser el más fanático de todos. El único que no fuma. El único que reza más de la cuenta... Y con lo de tapar las caras de las mujeres en los videojuegos ha alcanzado cotas muy altas.

—¿Quieres jugar? —me dice, y me pasa el teléfono.

—No me gustan los videojuegos. ¿Qué es? —pregunto.

—Un ajedrez.

—¿Perdona? —pregunto mientras cojo el teléfono de su mano y miro la pantalla. Efectivamente, está jugando al ajedrez.

—Me he descargado un ajedrez de internet para poder ganarte —me aclara riéndose—. No entendía muy bien tus explicaciones, así que ahora estoy practicando con el teléfono en mi idioma. Ya estoy en el nivel cinco... y subiendo.

Alucinante. El que tenía aspecto de bobalicón ha demostrado ser el más inteligente de todos ellos.

—¿Sabes una cosa? Os he visto en internet.

—¿Nos has visto?

—Sí. En una foto. Ángel lleva una cazadora de color marrón y tú tienes un pañuelo y muchas pulseras...

—¿Me lo puedes enseñar?

Tom vuelve a tomar su teléfono. Abre el buscador y escribe en árabe. A los pocos segundos me devuelve el teléfono. Efectivamente, tengo la foto de los tres delante de mí. Miro al sirio.

—*Mumkin?* («¿puedo?») —le pregunto.

—*Aiwa* («sí»).

Pulso sobre la imagen y se abre un enlace que me lleva hasta la web de *El Mundo*. Leo con atención el texto.

Exteriores está «en plena actividad» para localizar a los tres periodistas españoles desaparecidos en Siria.

El ministro de Exteriores español, José Manuel García-Margallo, ha apelado a la «máxima discreción» sobre la desaparición en Siria de tres periodistas españoles y ha subrayado que su departamento está «en plena actividad» para localizarlos.

García-Margallo ha hecho estas declaraciones durante un coloquio organizado en Casa América por el Foro Red de Casas, en el que participa junto al exministro de Asuntos Exteriores de Rusia Igor Ivanov.

El jefe de la diplomacia española ha señalado que el Ministerio está «en contacto permanente» con la Embajada española en Ankara, que lleva las operaciones en Siria, país en el que España tiene un documentalista y agentes del CNI. «Se hace todo lo posible; espero de corazón que esto se resuelva bien», ha añadido.

Ha insistido en que Exteriores está sobre el tema desde el primer momento en que se conoció la noticia de la desaparición de los periodistas y ha añadido que «todos los precedentes son buenos». «No hemos tenido que lamentar ninguna desgracia personal en estos cuatro años», ha manifestado el titular de Exteriores.

«Tengan la tranquilidad de que en estos sucesos que más angustia crean en el servicio exterior se hace todo lo posible. Depende mucho de los movimientos que haga la otra parte. Espero de todo corazón que esto se resuelva bien», ha agregado.

No termino de leer la noticia de EFE. No me hace falta. Le devuelvo el teléfono. Ya es público. Uno de nuestros mayores temores ya tiene respuesta. No queríamos que ocurriera. Prefiero no comentárselo a mis dos compañeros. Y actúo como si tal cosa.

* *

—Antes de la guerra, estudiaba literatura inglesa en la Universidad de Alepo —comenta Joselito mientras se lleva la bombilla a los labios para beber el mate que hay en el pequeño vasito de cristal—. La asignatura que menos me gustaba era teatro…

Ángel y él, por las mañanas, antes de que los otros nos levantemos, aprovechan para hablar de cosas banales.

—Tuve que dejar mis estudios por culpa de la guerra. Me casé. Tuve un hijo. Miro el futuro de mi país y sé qué es lo que quiero para Siria. No quiero un país democrático. En Siria ya tenemos democracia. Ya tenemos elecciones. Elecciones a la manera de los Assad. No. Quiero que en Siria se instaure la sharía, la ley islámica —dice sin pestañear—. En la nueva Siria, propondremos a los cristianos o a los chiitas que se conviertan al sunismo. Aquellos que opten por quedarse y no convertirse deberán pagar un diezmo, y si no…

Joselito se detiene sin terminar la frase. Ha hablado en exceso. Incontinencia verbal o simplemente quiere preocupar a Ángel. Mi compañero guarda silencio. No sabe muy bien qué decir o cómo guiar la conversación por otros derroteros.

—Nosotros somos cristianos…

—Vuestra situación es buena, no te preocupes. En pocas semanas estaréis de nuevo en España con vuestras familias —confiesa Joselito—. No tenéis absolutamente nada que temer.

«Os vais a casa»

Las semanas siguen pasando. Ni el Coleto ni el Rubio han vuelto a hacer acto de presencia. No ha habido más interrogatorios. Ni más fotografías. No sabemos absolutamente nada de nuestra situación. Nada, salvo las palabras tranquilizadoras de Joselito.

Hace unos días hizo aparición el conductor que nos trajo hasta esta casa aquel lejano viernes de agosto. En esta ocasión vino solo. Entregó dos gruesos fajos de dinero sirio a Joselito, quien se lo guardó en los bolsillos de su chaleco azul. Luego el conductor se marchó. Desde entonces, nada de nada. Nos empezamos a desesperar y Ángel propone preguntar de nuevo a Joselito.

—Estos tipos saben entre poco y nada —afirma el leonés mientras hablamos sobre nuestra situación—. Son los machacas. Si te hace bien volver a hablar con ellos, hazlo. Pero te van a decir exactamente lo mismo que la otra vez: que todo va bien.

Pienso exactamente lo mismo, pero también comprendo a mi otro amigo. La incertidumbre es complicada de sobrellevar. Tengo claro que de estos tipos no vamos a sacar ninguna información y que solo intentarán tranquilizarnos.

Ángel vuelve a preguntarle y obtiene la misma respuesta que la vez anterior; es decir, absolutamente nada nuevo. Yo le entiendo. Claro que le entiendo, pero gestiono mis miedos de otro modo. Trato de comérmelos y de aguantar día tras día. Trato de borrar las amenazas de muerte o la figura de L.M. de esta historia. Tengo que ser fuerte. No puedo desfallecer. Sé que es complicado y mi compañero, quizá, no tenga tanta fortaleza mental como nosotros.

—¿Jugamos? —me pregunta un Tom más sonriente de lo normal mientras me ofrece el tablero de ajedrez.

Asiento rápidamente. Llevamos varios días sin jugar. Las últimas veces me ha costado capturar su rey e, incluso, estuve a punto de perder alguna partida, pero un mal movimiento me devolvió la vida. Me apetece jugar con él. Ahora ya es más divertido.

Abro con peones. Él opta por los caballos. Mala decisión, que me cuesta la reina. Ha acabado con una pieza fundamental en mi estrategia. Espero reponerme. Alfil por alfil. Me captura las dos torres. Esto empieza a tener muy mala pinta para mí. Sobre el tablero, me quedan los dos caballos y el alfil blanco. Tom solo ha perdido un caballo y el alfil.

—Me está ganando —digo a mis amigos, que están a lo suyo.

—¡No me jodas! —exclama uno.

—¿De verdad? —pregunta el otro.

Su reina acaba primero con un caballo y luego con el otro. De esta no salgo ni de broma. Trato de llegar al otro extremo del tablero con el peón, protegido por el rey y por el alfil. Pero Tom decide sacrificar su torre para capturar mi alfil. No tengo alternativa. No puedo seguir avanzando con el peón. Solo me queda mover el rey. Cae el peón. No tiene sentido alargar más esto. Rindo el rey.

—*Khalas* («se acabó»).

—*Khalas!* —repite Tom eufórico.

—¡Te acaba de follar! —dice el leonés.

El resto de los sirios se acercan a ver este momento histórico. Tom les comenta la partida. Le tiendo la mano y se la estrecho con fuerza. Siento un poco de orgullo al ver al joven sirio feliz por haberme ganado. El aprendiz se ha impuesto al maestro.

Le observo mientras vuelve a colocar las piezas sobre el tablero, dispuesto a repetir la hazaña. Algo tan simple como el ajedrez ha servido para unir a dos personas tan diferentes.

Septiembre deja paso a octubre. Llevamos ochenta y un días secuestrados, de los cuales cuarenta y dos con estos tipos. Empiezan a estar cansados de nosotros. Se les nota a la legua. El Gafulis ya no nos prepara la comida y apenas hace acto de presencia por la casa. Joselito se pasa el día tirado en el suelo y nos deja cocinar porque él no tiene intención de hacerlo. El Risas continúa con la rutina nocturna y tan solo aparece al caer la noche. Y Guillermo depende de cómo sopla el viento. Unas veces viene por la mañana, otras a mediodía e incluso por la noche. Esto va tocando a su fin. Nos van a mover en breve.

—Te toca mover —le digo a Tom, que está muy pensativo.

Mueve sin sentido. Capturo su reina. Está descentrado, ausente, distraído. Le miro. Se sujeta la cabeza con la palma de la mano derecha. Hace gestos con la cara como si estuviese a disgusto.

—*Muskhila?* («¿problema?»).

—*Aiwa. Muskhila kabira* («sí, un problema grande»). Los rusos están bombardeando Alepo y voy a ir a luchar contra ellos. Soy un muyahidín («soldado de Dios») y lucharé por mi país.

Me toca mover. Sin embargo, dejo la pieza sobre el tablero. Miro a Tom. Llevo viendo a este tipo seis semanas y hoy me hace esta confesión. ¿Es posible que el ajedrez nos haya unido tanto? Necesita desahogarse, nada más.

—Uno de mis hermanos murió combatiendo. Me gustaría ser un *shahid* («mártir», en árabe) como él —confiesa.

Saca su teléfono. Entra en la galería y comienza a revisar las fotos y los vídeos. Se detiene en una foto de un bebé con una cinta blanca en la cabeza.

—Esta es mi hija. Se llama Sham («Levante», en árabe) —me dice, y me muestra varias fotografías en las que se lo ve sosteniendo a la pequeña.

Guarda el móvil y me recrimina que no muevo. Que me toca a mí y que le estoy haciendo perder el tiempo. Tomo el peón situado delante de la torre y lo adelanto. Tom, a su vez, mueve. Seguimos en silencio hasta que vuelve a hablar. Me cuenta que Guillermo y el Gafulis son hermanos y han perdido a otros tres durante la guerra. El Risas, dos y Joselito, uno.

Pienso en eso. Casi cinco años de guerra. ¿Qué familia no ha perdido un miembro? Algunos de ellos, muy cercanos. Tanto horror acaba trastornando hasta al más cabal. Hay quienes siguen con sus vidas, los menos. ¿Podríamos hacer lo mismo los occidentales? No. Nosotros sufriríamos depresión y cosas similares. En Siria no hay lugar para la depresión. Aquí no se pueden permitir flaquear ni un solo día.

Miro a Tom y le puedo llegar a entender. Quiere tomar un fusil e ir a combatir. Quiere vengar a su hermano. Hay odio en su corazón. ¿Quién no lo tendría? ¿Podemos juzgar esto desde nuestro prisma? No tenemos derecho a ello. Entiendo que con solo diecinueve años se aferre a Alá porque no le queda nada más. Cuando comenzó esta guerra tenía catorce. Cinco años después le han robado la infancia, los sueños, la esperanza, la ilusión, y lo han convertido en una máquina de matar capaz de saltar en mil pedazos si el jeque de turno se lo pide.

Respeto que quiera ir a la yihad e incluso que mate en nombre de Alá, aunque no lo comparto. ¿Quién soy yo para juzgar a otro ser humano? Miro a Tom y no puedo dejar de ver a un niño pequeño al que le han quitado lo más preciado…

—¡Toni! ¡Toni! —exclama el Risas desde el salón—. ¡Toni!

Me levanto del colchón como un resorte y me acerco hasta el quicio de la puerta de la habitación. Está en el suelo sentado junto a Tom, Guillermo y Joselito. Me mira con una enorme sonrisa. Tienen, para variar, sus teléfonos en la mano.

—*Aiwa?* («¿sí?») —pregunto.

—¡España! ¡España! ¡Os vais a casa! —dice eufórico—. ¡Os vais a casa! ¡España!

Lo miro sin entender absolutamente nada. Mis compañeros, debido al griterío, también están en el quicio de la puerta mirando a los cuatro sirios. No sé de qué demonios habla. Camino hasta ellos. Me enseña su móvil. Hay una conversación de Whatsapp en árabe. Obviamente, no entiendo lo que pone.

—En tres días os vais a casa —dice, más sereno, Joselito—. Nos lo acaban de comunicar. Se acabó. Volvéis a España.

Miro a mis dos compañeros, que me miran a mí. Imagino que mi cara es un poema. No logro reaccionar. No sé qué decir. ¿Estoy feliz? ¿Nervioso? ¿En *shock*? ¿Nos vamos a casa? Regreso a la habitación.

—¿Nos vamos de verdad?

Me encojo de hombros. No sé si es verdad o no. Llevo meses soñando recibir esta noticia y ahora que me la han dado no sé cómo reaccionar. Nos vamos a casa. Es el lunes 12 de octubre. Día de la Hispanidad. ¿Lo habrán hecho aposta? Mañana cumplimos tres meses secuestrados.

—Con un poco de suerte, aún no se sabe que estamos secuestrados —dice el leonés mientras toma asiento.

—Sí se sabe —respondo.

—¿Cómo lo sabes? —pregunta Ángel.

—Tom me dejó su teléfono y leí una nota de EFE que había publicado *El Mundo*.

—¿Por qué no nos lo dijiste? —pregunta el fotógrafo.

—Porque habéis repetido hasta la saciedad que no queríais saberlo. Por eso no dije nada. Hace semanas que lo sé.

—¿Cuándo se publicó la nota?

—Ni idea, no me fijé en la fecha. Tampoco ponía qué grupo nos tiene secuestrados...

Les resumo de lo que leí en el comunicado. Se supone que tenemos que estar eufóricos por la noticia que acabamos de recibir, pero no es así en absoluto. Rostros serios y preocupados. Cada vez que nos mueven, hay un momento tenso, y ahora estamos ante uno de esos trances de tensión.

Pienso en los *checkpoints* que podemos encontrar por el camino. En tres meses es posible que Dáesh haya avanzado terreno o incluso que el régimen de Assad haya recuperado territorio. También me preocupa la salida a Turquía. De hecho, tengo más miedo a los soldados turcos que a toparme con los yihadistas del Estado Islámico, a quienes imagino a cientos de kilómetros de donde estamos, más bien cerca de la frontera con Turquía.

Tres tipos vestidos de yihadistas cruzando ilegalmente desde Siria. Tenemos todas las papeletas para que un francotirador turco nos meta una bala entre ceja y ceja. Sí, la salida va a ser otro momento para tener en cuenta en este secuestro.

—Estoy pensado en llevarme un cuchillo cuando nos muevan —se sincera Ángel.

Le miro sin dar crédito. ¿Ha dicho un cuchillo? ¿Acaba de decir que se va a llevar un cuchillo? «Mi amigo ha perdido la razón», pienso para mí mientras no puedo quitarle ojo de encima.

—Lo esconderé debajo de la ropa y, si veo que nos están llevando a Raqa —bastión del Estado Islámico en Siria—, apuñalo al conductor en el cuello y a tomar por culo. A mí esos hijos de puta no me van a cortar la cabeza. Antes estrello el coche y que sea lo que Dios quiera.

—Muy bien planeado —comenta el leonés con sarcasmo—. ¿Has pensado qué vas a decir si te cachean antes de subir al coche? ¿O, si van dos coches en vez de uno, qué piensas hacer con el segundo? ¿Crees que sobreviviremos si tenemos un accidente de automóvil? En el improbable caso de que sobrevivamos al impacto… ¿qué hacemos? No hablamos árabe. No tenemos dinero. No sabemos dónde estamos. ¿Cómo explicamos que acabamos de tener un accidente?

El leonés continúa enumerando posibilidades que tal vez no se haya planteado nuestro compañero. Por mi parte, solo le presento una duda.

—¿De verdad serías capaz de matar? Porque yo no. Nuestra situación no es tan desesperada como para hacer algo así. Hace semanas que tenemos esos cuchillos a mano y nunca los hemos usado para reducir a estos tipos, ¿por qué usarlos contra los otros? Nos han dicho que nos llevan a casa —digo en un intento de hacerle entrar en razón—. Nos puedes meter en un lío si descubren el cuchillo.

—Creo que no es una buena idea —añade el fotógrafo—. Yo no lo haría, pero solo es mi opinión. Aquí somos tres.

—Deberíamos votar. En esa decisión nos va la vida a los tres.

La cordura se acaba imponiendo. Ángel acepta que los nervios le han jugado una mala pasada. Miro a mi amigo. Solo espero que hayamos tomado la decisión correcta y que no nos arrepintamos.

—¿Sabéis quién soy? —dice un hombre obeso y de espesa barba negra que nos mira desde la puerta de nuestra habitación—. ¿Os acordáis de mí?

—¡Gazpacho! —responde el leonés mientras hace flexiones ayudándose del armario.

El orondo personaje con camisa de cuadros asiente con la cabeza. Una sonrisa se le dibuja en el rostro.

—Os vais a casa —comenta mientras se sienta en la silla de plástico que tenemos en el cuarto. Las patas, unidas por un endeble hierro, se resienten en exceso. Si está más de veinte minutos sentado, seguro que es capaz de partirla—. Recoged vuestras cosas.

—Pero ¿nos vamos ahora mismo? —pregunta mi compañero.

—Sí. En diez minutos tenemos que salir. En tres días o una semana estaréis en España. Ya está todo solucionado, *Al-Hamdu lilah* («alabado sea Alá»).

Guardamos todo en dos bolsas de basura de color negro que nos ha dado Joselito. Miro el tablero de ajedrez. Está sobre la nevera. Decido dejarlo. «Para Tom», pienso.

Nos despedimos de Joselito y de Guillermo. Son los únicos que están en la casa. Tom hace un par de días que se marchó a combatir a Alepo junto al hermano del Risas. En el exterior nos espera un todoterreno. Nos montamos en la parte posterior. Vamos sin vendar y sin ningún tipo de esposas o grilletes.

Miro a Ángel; espero y deseo que haya cumplido su palabra y no se haya traído ninguno de los cuchillos de la cocina.

El conductor es un viejo conocido. Es el mismo que nos trajo hasta esta casa. Nos saluda estrechándonos la mano. Arranca. Dejamos atrás la casa en la que hemos permanecido los últimos cincuenta y cinco días.

—¿Os han dejado leer el Corán? —pregunta Gazpacho girándose hacia nosotros.

—No —respondo.

—¡Vaya, una pena! Pero, si os queréis convertir, lo podéis hacer.

¡Joder, qué manía con que nos convirtamos! El tipo continúa hablando sin parar sobre las bondades de su religión, la verdadera, como él dice. Su inglés es pésimo. Decido desconectar de la conversación porque no me interesa absolutamente nada. Miro por la ventanilla del vehículo. Trato de recordar el nombre de los pueblos que vamos pasando.

La carretera vira a derecha e izquierda de manera constante. Montañas altas y escarpadas. Sin vegetación ni árboles frondosos. Gazpacho nos dice que estamos cerca de Homs, pero miente. Por la orografía, debe de tratarse de la zona de Jabl Lakra o de Jabl Zawiya en la provincia de Idlib, no muy lejos de la frontera con Turquía. Estuve trabajando en las dos, al igual que en Homs. Por eso sé, más o menos, dónde nos encontramos. Por mucho que lo intente, le costará engañarme o tomarme el pelo. Pero, si es feliz, allá él. Asiento con la cabeza.

Pasamos un letrero que pone «Harem» en letras mayúsculas. A escasos kilómetros, el coche gira por un camino a mano derecha. Dos hombres, encapuchados, abren la puerta de una especie de estación subeléctrica abandonada. La cierran detrás de nosotros.

Los observo por las ventanillas tratando de reconocerlos, pero al ir con los pasamontañas resulta imposible. Creo que uno es el Coleto, pero lo descarto rápidamente. Aparcan el coche en el interior del edificio. Es una especie de garaje abandonado. Un lugar perfecto para un intercambio. Hay otro todoterreno. Gazpacho y el conductor se bajan y saludan a los otros dos hombres. Intercambian unas palabras rápidas.

—Tenéis que estar quietos. Será rápido, ¿entendido? —dice Gazpacho—. Y no miréis hacia atrás.

Los cuatro hombres empiezan a pasar cosas de un maletero a otro. Suenan armas y munición. Bolsas. Tardan cerca de diez minutos en la operación.

—Ahora, Anas y su amigo os llevarán a otra casa. Allí os harán una fotografía para enviársela a vuestro Gobierno y que sepan que estáis bien. En tres días o una semana os iréis a España. Yo os acompañaré hasta la frontera —dice antes de despedirse.

Nos estrecha la mano. El conductor hace lo propio. El coche vuelve a arrancar. Los dejamos allí solos a los dos. Giramos a la derecha. Altos árboles custodian los márgenes de la carretera. Pasamos un cartel que anuncia otro pueblo: Hatam. Nos piden que nos cubramos la cabeza. Salimos de la carretera principal. Es un camino sin asfaltar y lleno de agujeros. Se nota por los baches que pillan las ruedas del vehículo. Diez o quince minutos, no más, hasta que el coche se vuelve a detener.

Abren mi puerta. La que está detrás del copiloto. Me quitan el pañuelo negro con el que he cubierto mi rostro. Nos hemos detenido en una especie de casa rural. Hay más edificaciones. Hay luz. Se oyen voces. Me ordenan que me apremie. Aunque la noche se nos ha echado encima, prefieren que esté en la calle lo menos posible. Los dos hombres que van con nosotros en el coche son los que me escoltan hasta el interior de la vivienda.

Me introducen en una casa. Cuatro hombres encapuchados me observan. Me meten en la habitación del fondo, justo al lado del baño. Mis dos amigos no tardan mucho en venir. Uno de nuestros nuevos carceleros deja en el suelo seis plátanos —dos para cada uno— y tres trozos de pan. Promete que al día siguiente habrá más comida. Y allí nos dejan, sin más explicación.

—¿Y ahora qué? —pregunta Ángel.

—Toca esperar. No hay otra —le digo mientras escojo uno de los colchones—. Vendrán mañana a hacernos la dichosa foto.

—Comida de secuestrado —añade el leonés quitando un poco de hierro al asunto.

Le cedo uno de mis plátanos. No tengo hambre. Me da mala espina esta situación. Trato de memorizar la estancia. La habitación es pequeña. De paredes blancas. Dos ventanas cerradas a cal y canto para impedir que veamos qué hay en el exterior. En el suelo hay una enorme alfombra. Algunas partes están raídas. Es vieja. En una de las esquinas, la más cercana a la puerta, hay varias botellas de plástico con agua y otras vacías. En esa habitación ha habido más gente antes que nosotros.

Un coche se detiene en el exterior de la casa. Voces. Suena una llave en la cerradura. La puerta se abre y aparecen tres hombres encapuchados. Nos miran.

—¿Antonio? ¿Eres Antonio? —dicen señalando a Ángel.

—Soy yo —les digo mientras me levanto del suelo.

—Recoge tus cosas; te vienes con nosotros —me ordenan.

El corazón me va a mil por hora. Llevo meses esperando esto. Recojo del suelo mi *tasbih*. Me sacan de la habitación y cierran la puerta con candado dejando a mis dos compañeros dentro. No me ha dado tiempo ni a despedirme de ellos.

—¿Tienes algo de ropa en estas bolsas? —me pregunta uno de los carceleros.

—Sí, un pantalón.

—Búscalo —me ordenan.

No hay luz. No soy capaz de ver absolutamente nada. Uno de ellos acerca su teléfono móvil para alumbrarme. Lo revuelvo todo. Tardo un rato en dar con él.

—*Khalas*.

—Bien. Nos vamos.

Me sacan de la casa. Hay un coche de color negro con las luces encendidas y con otros dos tipos metidos dentro. Me sientan en la parte trasera. Me encapuchan y me ponen unas esposas. Me agachan la cabeza y me la acercan lo máximo posible a mis rodillas.

—¿Hablas árabe? —me pregunta uno de ellos.

—No —respondo.

—Pues yo no hablo inglés —me dice.

El coche arranca. Sigo acelerado. Tengo miedo. Mucho miedo. Sabía que este momento iba a llegar. Tarde o temprano, pero iba a llegar. Estaba seguro. Ahora me llevarán a otra casa a interrogarme o a torturarme, o me pegarán un tiro en la cabeza y me tirarán en alguna cuneta. «¡Puto L.M.!», pienso mientras trato de mantener la calma. «Cabeza fría, cabeza fría», me repito una y otra vez.

No puedo perder los nervios, y menos ahora. El tipo sentado a mi izquierda me aprieta la cabeza contra las rodillas. Trato de levantarla y de hacerle entender que me hace daño en el cuello. Pero cuanto más presiono hacia arriba, más aprieta hacia abajo.

Nos detenemos. Escucho cómo se abren las puertas y cómo se cierran. Abren la mía. Me toman de las esposas. Sigo encapuchado. Camino completamente a ciegas. Dos de mis carceleros me toman por los brazos. Comienzo a subir escaleras. Al menos tres tramos con un descansillo entre el segundo y tercer tramo.

Me quitan los zapatos antes de entrar en la casa. El suelo es de baldosas. Está helado. Voy caminando apoyándome en las paredes. El tacto es liso. Llego al marco de una puerta. Un hombre me empuja por la espalda. Me quitan la capucha. La intensa luz led me hace daño en los ojos. Pestañeo varias veces para acostumbrarme.

Estoy en una habitación amplia de paredes blancas y suelo enlosado del mismo color. Hay un grueso colchón. Una manta sobre él. En una de las esquinas, una cámara de vigilancia.

Me giro hacia la puerta. Frente a mí, un hombre orondo con gafas. A su lado, uno más bajito. Los dos están encapuchados. Me quitan las esposas y cierran la puerta sin intercambiar una sola palabra conmigo.

Ahora sí que estoy jodido…

4

EN LA OSCURIDAD

15 de octubre de 2015-16 de enero de 2016

Lo que viene a continuación es el diario que escribí durante siete meses de cautiverio en soledad. Los originales me fueron requisados por los yihadistas en el momento de la liberación, el 7 de mayo de 2016. No obstante, durante el secuestro leía y releía esas notas —escritas en forma de cartas dirigidas, casi siempre, a mi hermana Alejandra— tratando de memorizarlas para poder contar la historia de la manera más precisa posible en caso de ser puesto en libertad.

18 de octubre de 2015

Mi querida niña Alejandra:

¿Sabes? Pienso en ti todos los días. ¡Te echo muchísimo de menos! No imaginas las ganas que tengo de darte un abrazo fuerte. Me apetece mucho sentirte cerca y no soltarte. Detener el tiempo sin que nada más importe. Nosotros dos. Abrazados. Llorando. Besándonos. Mirándonos. Sí, necesito llorar sobre tu hombro. Mirarte a los ojos, esos ojos enormes que tienes, y pedirte perdón por todo lo que estás sufriendo por mi culpa.

Espero que algún día sepas perdonar a tu hermano mayor por su mala cabeza. Por ser un egoísta y pensar solo en mí. Ojalá nunca me guardes rencor por todo lo que te estoy haciendo sufrir. No eres más que una niña y has tenido que madurar a pasos agigantados por mi culpa. Lo siento. ¡Lo siento tantísimo!

Sueño con el día en el que nos volvamos a ver. Te has convertido en mi salvavidas en este lugar de mierda. Trato de no decaer, te lo prometo. Es complicado. Intento mantener la cabeza lo más fría posible y ser mentalmente fuerte porque quiero salir de aquí y me temo que lo más duro está por llegar. Cada día me aferro a ti buscando un ápice de esperanza, un poco de consuelo, una chispa de ilusión. No me puedo rendir. Aguanto porque no pierdo de vista ese objetivo: volver a verte. Me lo imagino un día y otro y otro y otro. Pero me siento muy solo. Siento cómo la tristeza, la incertidumbre y la desesperación se van apoderando poco a poco de mí. Busco una palabra de consuelo y no la encuentro. Por eso recurro a ti, Aleja. No me dejes desfallecer.

Estoy solo en una celda. Aislado. Encerrado con todos mis miedos, que son muchos. No puedo comunicarme con nadie. Escribo. Así siento que hablo con alguien, que hablo contigo. Tengo un cuaderno y un bolígrafo, y he empezado a escribir este diario que espero que alguien te pueda entregar algún día. Te iré contando todo lo que me suceda. Será una forma de desahogarme y también una forma de saber que alguien al otro lado me escucha. Sé que estás tirando de mí para que no me hunda. Eres mi faro en la oscuridad.

Aquí, cada día es una auténtica losa. El tiempo parece detenido. Me paso la mayor parte del día tumbado en la cama, escribiendo. Además de estas cartas, he empezado una novela negra en la que un antiguo corresponsal de guerra investiga un atentado yihadista en España. De repente me ha entrado la inspiración. Así soy yo.

Mi nueva prisión es una casa. Una vivienda deshabitada y en muy buenas condiciones. Seguro que pertenecía a gente con posibles. He estado en muchas casas de Siria y esta está construida con materiales de muy buena calidad. El cuarto de baño está perfectamente alicatado. Tiene una estufa nueva para calentar el agua, un inodoro y una bañera.

Mi habitación es bastante amplia. Tengo espacio suficiente para caminar. Lo hago por el perímetro. En total, 35 pasos. Me puedo pasar horas y horas andando de un extremo a otro sin parar. No hay nada mejor que hacer.

En esta mi nueva celda hay un colchón y una manta. Por las noches, la verdad, paso bastante frío. En la pared que tengo frente al colchón hay una luz led que permanece encendida las veinticuatro horas del día. Se me hace muy difícil dormir así. Jamás he podido conciliar el sueño con luz. No puedo cubrirme la cabeza con la manta porque los pies quedan al descubierto y me congelo inmediatamente. Al lado del haz hay una cámara de vigilancia. Desconozco si funciona o simplemente tiene una finalidad intimidatoria.

Hay un enorme ventanal. Las persianas están bajadas y fijadas a la pared con gruesos clavos. Lo mismo ocurre con la ventana. Las dos hojas están clavadas entre sí para impedir que las pueda abrir. Intuyo que al otro lado hay una especie de balcón o de terraza. Oigo a mis carceleros caminar por allí y hablar entre ellos. Por las noches, también los escucho subir y bajar por unas escaleras que hay detrás de la segunda puerta de esta habitación. Estoy casi seguro de que fue por ahí por donde me trajeron aquí. Son bastante escandalosos, sobre todo por las mañanas. Corren por los pasillos de la casa. No sé si se persiguen entre sí o practican algún tipo de juego. Tengo que afinar más el oído.

Sus voces no me resultan familiares. Tengo nuevos custodios. Creo que son dos o tres, quizá alguno más. De momento solo he tenido contacto con uno de ellos. Viste completamente de negro, al estilo yihadista, a juego con su pasamontañas. Tiene una mirada desafiante y dura. Ojos marrones, sin brillo. Me mira con rencor o como si me estuviese perdonando la vida. Es un poco más bajo que yo, fuerte y en buena forma física. No debe tener más de veinticinco años. Los otros le llaman Abu Abdu. Lo sé porque, cada vez que pronuncian ese nombre, es él quien responde. Tiene un tono de voz peculiar. Casi musical. Inconfundible.

Las veces que ha entrado en la celda lo ha hecho completamente desarmado. O al menos no lleva armas a la vista. Dudo que las tenga ocultas en los bolsillos de la túnica o en el pantalón. Tampoco lleva pertrechos militares. Hay algo en él que no me acaba de convencer. Quizá porque me negó la mano cuando se la ofrecí. Me la rechaza porque soy infiel e impuro. Eso no me gusta nada. Nunca he tenido buenas experiencias con aquellos que me han despreciado un saludo solo porque, según sus creencias, estoy sucio por ser cristiano.

El tipo no habla ni una sola palabra de inglés o por lo menos no ha hecho esfuerzo alguno por hablarlo. Nos entendemos en árabe y por signos. Me ha dado algo de ropa usada. Un jersey negro y un pantalón vaquero. He agradecido la ropa occidental. No me apetecía continuar vestido con sus ropajes de yihadista.

Me ha dicho que, cuando necesite ir al baño, puedo llamar a la puerta y puedo hacerlo siempre que quiera. La comida es escasa pero suficiente para sobrevivir. La dieta se compone, sobre todo, de huevos duros, tomates y latas de atún.

Hace cuatro días que me separaron de mis dos amigos, pero a mí me parecen semanas. No sé absolutamente nada de ellos, aunque intuyo que están bien. Nadie me ha explicado los motivos por los que me han separado de ellos. Ni falta que hace. Soy perfectamente consciente del porqué. Lo sé desde el primer momento. Creen a pies juntillas que soy espía y que trabajo para el Gobierno. Por eso supongo que están bien. No me cabe la más mínima duda de que yo seré el primero en ser ejecutado. Tienen tres piezas y las jugarán lo mejor que sepan. No creo que tarden mucho más tiempo en venir a interrogarme. Aunque el trato sigue siendo bastante bueno.

Pienso en Jim. También en otros que pasaron por esta situación. Es inevitable. Pienso en todo lo que sufrieron y ¡uffff!... me cuesta contener las lágrimas. No sé si voy a ser tan fuerte como ellos o si voy a aguantar lo que ellos pasaron. Creo que ni en broma. Soy un cobarde, siempre lo he sido. Y sé que esto durará mucho más tiempo, aunque estos tipos me repiten que pronto estaré en casa, que no me preocupe, que todo saldrá bien. Mienten. Lo sé. No me miran a los ojos. Tratan de tranquilizarme, como ya hicieron anteriormente.

Y así transcurren mis días, Aleja. Encerrado y dándole vueltas a la cabeza sin parar. Intento desechar todos los pensamientos negativos. Y espero y espero sin saber muy bien qué, o quizá prefiero no saberlo. Y en esta agonía, tú te has convertido en mi única compañía. Te seguiré escribiendo, te lo prometo. Me gusta que me hagas compañía, hermana.

Te quiero,
A.

20 DE OCTUBRE DE 2015

Esta mañana ha entrado en escena un nuevo personaje en esta tragicomedia en que se ha convertido mi secuestro. He decidido llamarle Espikinglish porque chapurrea algo parecido al inglés y por cómo se ha presentado. *«I speak english»* («hablo inglés»). Me lo ha puesto a huevo. A veces no me tengo que romper mucho la cabeza para poner un mote. A Abu Abdu, el tipo que me abre la puerta para traerme la comida, aún no le he «bautizado», pero sigo trabajando en ello.

A Espikinglish no le había visto nunca hasta ahora. No es fácil identificar a las personas cuando llevan verdugo, pero no, no lo conocía. Tiene unos ojos marrón claro muy pequeños. No rehúye mi mirada. Eso me gusta. Parece inteligente.

Rondará el metro setenta y cinco de altura. Corpulento, más bien pasado de peso. Lleva un jersey de color verde oliva un par de tallas más pequeño de lo que necesita. Le acentúa la barriga. El logotipo presenta dos espadas cruzadas y, sobre ellas, una palmera datilera. He visto ese mismo emblema en otro sitio, pero no recuerdo dónde.

Debe tener algún problema de asma o de respiración. Cuando habla, es como si le faltase el aire o como si llegara de correr una maratón. Su habla es lenta y pausada debido a la falta de oxígeno. Da la sensación de que va a ahogarse en cualquier momento.

Me ha saludado de forma cordial estrechándome la mano y me ha pedido permiso para sentarse sobre el colchón, frente a mí. He accedido, obviamente. Hemos intercambiado pocas palabras, pero nos hemos entendido pese a que su inglés es bastante malo. He tenido que buscar sinónimos a palabras como *waiting* («esperando») o *fine* («bien») porque no entendía su significado. Mejor así que por signos.

El motivo de su visita era pedirme que escribiera una carta a mis dos compañeros. Al parecer están muy preocupados por mí. Creen que me han ejecutado. Normal, porque yo, en su lugar, creería exactamente lo mismo. Espikinglish me ha prometido que en pocos días me hará llegar la contestación para que vea que ellos también están bien.

Queridos amigos:

Estoy bien. Me están tratando bien. Espero que en poco tiempo nos podamos volver a ver. Cuidaos mucho.

Un abrazo,
Antonio

La carta es sencilla. Teniendo en cuenta el grado de paranoia de esta gente, no quiero que piensen que les estoy mandando algún tipo de mensaje cifrado a mis dos amigos. No tengo intención de que mi situación, ya de por sí mala, empeore. Es lo que me faltaría ahora mismo. Y esa ha sido la única novedad en mi quehacer diario en este agujero en el que sigo esperando. Por cierto, llevo cien días secuestrado.

22 DE OCTUBRE DE 2015

Hay alguien más secuestrado en esta casa conmigo. Estoy completamente seguro. Cada vez que me abren la puerta para que vaya al baño o dejarme la comida, escucho que antes hacen lo mismo en otra habitación. Introducen una llave en una cerradura y abren una puerta. Son pocos minutos. Unos diez o quince. Oigo la cisterna del aseo y, posteriormente, cierran y echan de nuevo el candado. Igual que lo hacen conmigo. Siempre la misma rutina. Primero esa puerta y luego la mía. Y así cada día.

Bien entrada la noche, los que están retenidos en esa habitación aporrean la puerta para que les abran e ir al servicio. Nuevamente oigo el sonido de la llave girando en la cerradura. Me acerco a la puerta para poder escuchar con mayor nitidez. Hoy me ha parecido que intercambiaban algunas palabras en árabe, pero no estoy seguro. Eran apenas susurros.

Además, cuando salgo de la celda y recorro el pasillo para ir al baño, me he fijado en que la habitación más cercana al lavabo tiene un grueso candado. Ahí es donde deben estar. Cuando Abu Abdu me espera para acompañarme de regreso a mi habitación, siempre está delante de esa puerta. Quizá para impedir que la golpee o que diga algo, no sé.

¿Serán mis dos amigos? ¿Nos habrán separado en distintos espacios, pero en la misma casa?

Les he dejado un trozo de papel con una palabra: «Modric». Si leen el nombre del jugador del Real Madrid, no tendrán ninguna duda de que soy yo el que está encerrado en la habitación del fondo. He dejado la nota escondida en el cuarto de baño, justo al lado del inodoro. Si se fijan un poco, la verán. Espero que entiendan el mensaje y que dejen una nota para mí.

¿Y si la encuentran mis carceleros? Pensando en esa posibilidad, he escrito más nombres de jugadores del Real Madrid en pedazos de papel. Si me preguntan diré que estoy jugando a las chapas y ese nombre se me debió caer del bolsillo sin querer.

Por cierto, ya he recibido respuesta a mi carta.

> Antonio:
>
> Nos alegra saber que estás bien. Nosotros también esperamos verte pronto.
>
> Un saludo.

24 DE OCTUBRE DE 2015

Ahora más que nunca tienes que cuidarme, Aleja.

Esta noche ha entrado en mi celda un nuevo tipo. Hablaba un inglés excelente. Me atrevería a decir que tiene hasta acento *british*. Ocultaba su rostro bajo un pasamontañas negro, lo habitual en este nuevo escenario. Tiene unos ojos verdes muy vivos. Es alto. Fuerte. Vestía a la moda occidental. Pantalón con múltiples bolsillos y pistola aferrada al cinturón. Llevaba un reloj digital en la muñeca. Me ha sorprendido porque no es lo usual. Normalmente los sirios se guían por las cinco llamadas a la oración para calcular la hora, o por los teléfonos móviles.

Me ha dicho que es el sustituto del Coleto. A partir de ahora será él, y solo él, el encargado de interrogarme. Me ha preguntado nuevamente por mi relación con L.M. Si he trabajado o trabajo para el Gobierno español; si soy militar o trabajo en inteligencia; si he venido a Siria a vender armas o a entablar contactos con los grupos rebeldes.

Ha rebuscado en su teléfono tratando de encontrar una fotografía de L.M. para que lo vea y pueda identificarlo. No la ha encontrado. Me ha dicho que, si se hubiese topado con él, le habría cortado la cabeza él mismo. Da por hecho que es espía y me ha dicho, sin que le tiemble lo más mínimo la voz, que aquí en Siria a los que trabajan para servicios de inteligencia extranjeros se los ejecuta sin contemplaciones. Vamos... todo un amor de señor.

Me ha pedido, además, una lista de todas las veces que he estado en este país. Fechas, lugares... Pero sobre todo ha hecho hincapié —y lo ha repetido varias veces— en que quería el nombre de las unidades militares y de los generales o altos rangos con los que me he reunido.

Diciembre de 2011: Jabl Zawiya
Marzo de 2012: Sermen, Nera Sermen, Binish, Al-Dana, Al-Mastumah, Taftanaz
Julio-agosto de 2012: Al Qusayr, Al Bueda, Khamman, Saloumia, Shomarya
Septiembre de 2012: Alepo
Octubre de 2012: Alepo, Jabl Lakra, Salma, Souran, Zaini
Diciembre de 2012: aeropuerto de Menag, Azaaz, Tal Sheer, Alepo
Enero de 2013: Alepo
Febrero-marzo de 2013: Deir Ezzor
Septiembre de 2013: Alepo
Mayo-junio de 2014: Alepo
Febrero de 2015: Kobane
Julio de 2015: Alepo

Le he entregado la hoja de papel donde he escrito toda la información que recordaba. Me ha dado unos diez minutos, y así es complicado hacer memoria. La ha leído en absoluto silencio. Yo le miraba y él torcía el gesto. La ha doblado y se la ha guardado en uno de los bolsillos del pantalón. Después me ha vuelto a preguntar si era todo lo que tenía que entregarle. Le he dicho que no me acordaba de nada más y que puede volver, pero escribiré lo mismo. Me ha dicho que no me preocupe: ellos me ayudarán a recordar y acabaré confesando.

Acto seguido se ha ido de mi celda.

Creo que las cosas se han torcido definitivamente.

25 DE OCTUBRE DE 2015

Mi situación ha cambiado de forma drástica. Esta mañana el tal Abu Abdu ha venido directamente hacia mí y, sin venir a cuento, me ha soltado dos hostias en la cabeza con la mano abierta. Eso nada más abrir la puerta. He encajado los golpes con la mayor dignidad. Por un momento se me ha pasado por la cabeza tratar de defenderme, pero no quiero empeorar las cosas. Si se me ocurre ponerle la mano encima a este tipo, la he cagado. Me he quedado medio aturdido.

Después ha empezado a gritar para que me levantase de la cama. Dice que me paso el día tirado en el colchón y durmiendo. No sé qué otra cosa quiere que haga. ¿Deporte? ¡Menudo gilipollas! Me ha sacado a trompicones y me ha llevado al baño mientras me golpeaba en la espalda.

Me he tomado mi tiempo, como cada mañana, a pesar de que el despertar ha sido totalmente distinto. Me he cepillado los dientes, me he lavado la cara y he aclarado el plato sucio de la cena de ayer. El mensaje para mis amigos sigue donde lo dejé. Lo he cambiado de sitio. Lo he colocado cerca de los grifos de la pared. Ahí lo tienen que ver por narices.

De regreso a la celda, me ha vuelto a golpear en la espalda para que caminase lo más rápido posible. Al llegar, me he encontrado con Espikinglish. Me estaba esperando para decirme que, a partir de ahora, las reglas han cambiado: no puedo acercarme a la puerta de la habitación ni llamar si tengo necesidades. Ellos y solo ellos decidirán si puedo ir al servicio o no. Si se me ocurre golpear la puerta para llamarlos, me pegarán. Me ha dicho que solo podré salir para ir al baño dos veces al día: al mediodía, después del segundo rezo, y por la noche, después del quinto rezo. Además, me limitarán el tiempo. Podré usar el aseo como máximo durante cinco minutos. Solo puedo usar el gel para lavar los platos y el estropajo, nada más.

Tengo que hacer el recorrido desde mi habitación hasta el cuarto de baño con la cabeza gacha. Mirando al suelo y de frente. Si giro la cabeza, me golpearán. Tengo que caminar lo más rápido posible y en absoluto silencio. Si hablo, me pegarán. No me puedo detener por ningún motivo. De hacerlo, me castigarán. Una vez que haya terminado de lavarme, tendré que llamar a la puerta suavemente y esperar dentro. Hasta que la persona que me ha sacado de la habitación no me diga *yallah* («vamos», en árabe), no puedo salir. Si no cumplo esto, me atizarán. De vuelta a la habitación, he de ir de la misma forma: con la cabeza baja y frontal.

Si cumplo las reglas, el trato será bueno. Si, por el contrario, grito, alzo la voz, escucho por detrás de la puerta o trato de escapar, mi situación empeorará aún más. Remarca que todo depende de mi actitud y de mi disposición para colaborar. Me recuerda que la cámara está todo el día encendida y que ven todo lo que hago.

Por cierto, he encontrado el mote perfecto para el tal Abu Abdu. Desde ahora será el Tarao; creo que le va como anillo al dedo.

29 DE OCTUBRE DE 2015

Mientras te escribo estas líneas, aún me tiembla todo el cuerpo. Me miro las manos. Tiritan de puro pavor. Mi corazón sigue acelerado. No soy capaz de escribir más de dos palabras seguidas sin dejar de mirar la puerta de la celda esperando que vuelvan a entrar en cualquier momento. Estoy acojonado, Aleja.

Nunca, en toda mi vida, he pasado tantísimo miedo como esta mañana. Por primera vez he pensado que todo se acababa. He creído que iba a morir, que me iban a ejecutar a sangre fría. Te aseguro que no es lo mismo pensarlo que vivirlo en carne propia. Las sensaciones son totalmente diferentes. Una cosa es rayarse y otra muy distinta sentir que tu vida se acaba de un plumazo y no puedes hacer nada para impedirlo. He visto infinidad de ejecuciones en un intento de mentalizarme de lo que me podría llegar a pasar, pero da igual. Yo soy incapaz de asumir algo así. ¡No quiero morir! ¡Y menos de esta manera! ¡Me gustaría tanto poder despedirme de vosotros y pediros perdón!

No sé si debería seguir escribiéndote. Posiblemente la respuesta sea no. Un no rotundo. Pero me aferro a ti, hermana. Cierro los ojos y te pienso. Te sueño. No sé si algún día tendré el valor suficiente para contarte lo que aquí ha ocurrido. Por eso me gustaría que alguien pudiese hacerte llegar estas cartas, para que las leas cuando estés preparada; cuando lo que vayas a leer aquí no te haga daño. O al menos no tanto, ya que supongo que es inevitable que sufras al leer esto, puesto que es tu hermano mayor quien lo escribe. Un hermano del que espero que te sientas orgullosa.

Esta mañana, como cada día, el Tarao ha entrado en mi celda después de mediodía. Me ha dejado un vasito con aceitunas verdes. Esa es mi comida diaria desde hace algunos días. Ya me podría traer el hijoputa una cerveza para acompañarlas, ¿no? (Risas.)

Yo le estaba esperando sentado en la cama, perfectamente hecha. Escribía en el cuaderno la novela que quiero regalarle a Goyo. Me ordenó ir al baño a asearme y a limpiar el plato de la cena. Por cierto, ayer, después de dos semanas con estos tipos, por fin se dignaron a darme un tenedor para que pudiese comer sin usar las manos. Créeme que es asqueroso comer arroz con las manos y luego no poder lavarse.

El caso es que yo he obedecido. No quiero darle motivos para que me pegue, aunque no es necesario, los encuentra él solo. En mitad del pasillo el tipo ha empezado a hablar conmigo. Yo me he detenido porque no le entendía absolutamente nada y me he quedado mirándole. Me ha golpeado en la cara y ha comenzado a gritarme como un poseso. Yo sabía que, a la vuelta del baño, me esperaba jarana. Él es así.

A la mínima, se le va la mano. Le encanta pegarme. Disfruta infinitamente haciéndolo. Le gusta humillarme y sentirse superior. Tiene una posición de poder ante un occidental. No duda en ejercer su odio contra mí siempre que puede y, si no puede, busca alguna excusa para hacerlo. Hace unos días me golpeó porque tardé demasiado tiempo en el baño y porque llevaba los bajos del pantalón mojados de agua y mojé el pasillo de vuelta a la celda.

Depende de mi estado de ánimo, encajo los golpes mejor o peor. Después de cinco días de recibir hostias sin parar, uno se acaba acostumbrando. Pero lo de esta mañana… Lo de esta mañana ha sido mucho peor.

Al regresar al cuarto, se ha situado frente a mí y me ha ordenado que me arrodille sobre el colchón. Lo he hecho. ¡Como para no hacerlo! Sujetaba un enorme cuchillo dentado de color negro. Iba vestido con sus tradicionales ropajes y con el verdugo puesto, dejando solo a la vista esos ojos marrones llenos de odio e ira. Parecía completamente metido en el papel de John el Yihadista.

Las lágrimas me han brotado de los ojos. Lloraba en silencio imaginando el final. Se ha colocado detrás de mí. De pronto ha aparecido Espikinglish móvil en mano. Él sería el encargado de grabar la escena. He apretado los dientes con todas mis fuerzas y he cerrado los ojos. No iba a pedir clemencia. Me lo han quitado todo: las ilusiones, los sueños, la esperanza, pero aún conservo la dignidad. No, no les iba a dar el gusto de suplicar por mi vida.

El tipo ha colocado la mano bajo mi mentón para alzarme la cabeza. He notado el filo del cuchillo en mi cuello. Pensaba en mamá y en ti. En el sofá. Frente al televisor. ¡Joder! Lloraba sin parar. De pronto, han empezado a reírse de mí. Era una decapitación simulada. Se descojonaban. El Tarao ha comenzado a golpearme en la cabeza con el mango del cuchillo. Una, dos, tres, cuatro veces para terminar con una patada en la espalda. Espikinglish, antes de marcharse y dejarme solo en la celda, me ha dicho que eso me pasa por intentar escaparme. Y que no habrá más simulacros. La próxima vez que lo intente, será de verdad.

No pretendía huir. Solo me he detenido para escucharle, y él lo sabe. Está trastornado. ¿Y así un día y otro más? ¿Hasta cuándo? No aguanto más, te lo prometo. No soporto a esta gentuza.

Te quiero, hermana. Gracias por estar a mi lado. Gracias por escucharme y por protegerme. ¡Tengo tantísimas ganas de verte y de abrazarte!

3 DE NOVIEMBRE DE 2015

Las cosas siguen exactamente igual en este lugar de mierda. Continúo con mi rutina diaria. Lo primero que hago, cada mañana, nada más levantarme, es tachar la fecha en el calendario que me he hecho en la tapa del cuaderno. Y acto seguido les grito en alto: «¡Hijos de puta! ¡Sois unos hijos de puta!». Lo hago para que me escuchen, para que sepan que se lo digo a ellos, y, por si tienen alguna duda, mientras grito señalo la cámara. Ha llegado un momento en que me dan igual las posibles represalias porque cualquier excusa es buena para ellos. Ya me da igual. Total, si me van a pegar, que por lo menos sea por algún motivo, ¿no?

Hago la cama. Estiro la manta con sumo cuidado. Es curioso. En casa soy incapaz de hacerla y aquí la hago todas las mañanas. Me sonrío satisfecho. Estoy muy orgulloso de mí mismo. Además, he dejado de comerme las uñas. Llevo ya dos semanas. Y sumando.

Releo lo escrito en el cuaderno. Anoto en los márgenes las correcciones, si es que las hay, y continúo escribiendo. Escribir me da paz y me ayuda a mantenerme concentrado. Así el tiempo pasa mucho más deprisa. Me han preguntado qué estoy escribiendo en los cuadernos. Se los mostré. Pero, como están en español, no han puesto mucho interés. De momento siguen proporcionándome bolígrafos.

El Tarao me abre la puerta a mediodía para ir al baño. Son solo cinco minutos, pero son maravillosos. ¡Salir de este lugar y ver un poco de luz que no sea artificial! El aseo tiene una pequeña ventanita por donde puedo ver el exterior. Veo una valla de piedra y unos árboles. Oigo el trinar de los pájaros o el sonido de la lluvia. ¡Es una sensación increíble! Me gusta ir al servicio. Sé que es una gilipollez, pero… ¡lo disfruto muchísimo!

Después de comer me echo un rato a dormir la siesta. En realidad, simplemente me tumbo. Trato de dormir, pero es imposible. Me cuesta muchísimo conciliar el sueño. Siempre acabo levantándome antes de la tercera llamada a la oración. Camino por el perímetro de la celda. Antes lo hacía pensando en mis cosas. Desde hace unos días me dedico a cantar estrofas de villancicos. Tengo tan asimilado que voy a pasar aquí la Navidad que trato de recordar buenos momentos vividos.

Otra de las canciones que suelo cantar, además de *Hakuna Matata* —de *El Rey León*—, es una muy especial. Cada Navidad papá se la ponía a la abuela antes de cenar. «Ojos verdes, verdes como la albahaca. Verdes como el trigo verde y el verde verde limón.» Sé que puede sonar estúpido, pero me hace pensar en vosotros y es uno de los pocos momentos en los que logro evadirme de la realidad.

Hoy tengo que contarte una cosa sorprendente, al menos para mí. Por primera vez desde que estoy secuestrado he hablado con Dios. O llámalo Alá, Buda, Jesús… Hacía años que no lo hacía. Llevaba mucho tiempo enfadado con él. No entendía cómo podía permitir que tanta gente sufriese por culpa de las guerras. He visto morir a tantísimas personas que me preguntaba dónde estaba Él o por qué no detenía aquello. Pensaba que, si de verdad es Dios, debería hacer algo y Él no hacía nada. Entendí entonces que no merecía la pena rezar.

Ha sido raro. Al principio no me encontraba a gusto. No sé si lo repetiré mañana. Tal vez lo he hecho porque me siento solo, porque estoy en una situación desesperada o porque busco un milagro para salir de aquí de una sola pieza. Entendería que no me escuchase. ¿Por qué debería hacerlo? Soy, posiblemente, una de sus ovejas más negras. Pero aquí estoy. Hablando con Él. Habré estado unos veinte minutos. Hablando. No rezando. No suplicando. No. Eso sí que lo tengo claro. Y no he pedido por mí, sino que lo he hecho por vosotros. Para que no sufráis, para que estéis bien, para que seáis una piña, para que os cuidéis los unos a los otros. Yo asumo mi condena y mi castigo. Me preocupáis vosotros… Te echo de menos, hermana.

7 de noviembre de 2015

He pasado las últimas veinticuatro horas encerrado en la celda. No me han abierto para nada. Ni para ir al baño ni para darme de comer. Les hacía gestos delante de la cámara para llamar su atención. Para que me viesen y me abriesen la puerta. Pero ni por esas. Estaban en la habitación contigua porque he podido escuchar su televisión y los he oído hablar o reírse, seguramente de mí. Estoy convencido de que me estaban viendo.

Buscan un motivo para volver a golpearme. Quieren que orine en alguna esquina de la habitación o que me lo haga encima. Con muchísimo esfuerzo he podido aguantar. Lo he conseguido, aunque ha habido momentos en que creía que iba a estallar de puro dolor.

A lo largo de este día, con todas sus horas, he caminado sin parar. Cada vez que me sentaba sobre el colchón, notaba una enorme presión en la vejiga, así que inmediatamente me levantaba del suelo y volvía a caminar. He estado tentado de orinar en la botella de plástico que tengo en la habitación. Ocultarla bajo la manta y desahogarme, pero son capaces de obligarme a que me lo beba.

No sé adónde puede llegar el grado de hijoputez de estos tipos.

Hoy, por fin, me han abierto la puerta. Lo ha hecho un nuevo tipo. El tercero que veo desde que estoy en esta nueva prisión. Es muy bajito. No debe medir más de un metro sesenta. Tiene los ojos claros. Corpulento. No habla ni una sola palabra de inglés. Le he bautizado como el Hobbit porque, además de ser enano, tiene los pies peludos…

Me ha dicho que se habían olvidado que estaba allí encerrado y por eso no me abrieron ni me trajeron la comida. ¡Menudos hijos de puta! ¡Se olvidaron de mí! Ja ja ja. Me río por no llorar. Yo he asentido con la cabeza y le he dicho: *«Mafi muskhila»* («no hay problema», en árabe). Curioso que se hayan olvidado pero hayan abierto la puerta a los que están en la otra habitación. De ellos no se han olvidado, ¿no? Les han abierto la puerta tres veces en las últimas veinticuatro horas y a mí ninguna. En fin…

13 de noviembre de 2015

¡Estoy hasta los huevos de esta gente! Cada día que pasa mi paciencia se mina más y más. No sé cuándo se me agotará. El Tarao ha decidido pegarme en la cabeza con una botella de agua como método para guiarme por el interior de la casa. Como no puedo levantar la mirada del suelo ni entiendo una sola palabra de lo que me dice, a hostias me indica si tengo que girar a la derecha o a la izquierda y si debo ir más deprisa o más despacio.

Llevo un mes en manos de estos tipos. Y no aguanto más, Aleja. Lo siento. Estoy hasta los cojones de que me peguen todos los días. Llevo cuatro días sin probar bocado y sin ingerir una sola gota de agua. Cada vez que me traen el plato de comida, se lo vuelven a llevar intacto. Motivo por el cual el Tarao —quién si no— me da de hostias. Dice que la comida viene de Alá y que tirarla a la basura es una ofensa. Mi respuesta siempre es la misma. ¿Y tener secuestrada a una persona o golpearla no es una ofensa a Dios? Esto le encabrona más y se marcha del cuarto tras darme un último puñetazo.

Los de la habitación de al lado no han respondido a mis mensajes. Ni siquiera los han recogido del suelo. Empiezo a pensar que no son mis amigos quienes están ahí. ¿Entonces? Pues no tengo ni idea. Pero en esa habitación hay alguien más encerrado. De eso no me cabe ni la más mínima duda.

Por más que pregunto por mis dos compañeros, nadie me dice absolutamente nada de ellos. ¿Estarán ya en España? Ojalá sea así. Ojalá. Le pido todos los días a Dios que así sea. Que estén ya en casa, con sus familias. Que pasen la Navidad con ellos y que acabe para ellos esta pesadilla. Quizá los han intercambiado, en un gesto de buena voluntad, y han decidido quedarse solo conmigo porque «soy espía» y tengo más valor para ellos. Trato de pensar siempre en positivo, sobre todo en lo referido a mis colegas. Pero, sinceramente, no creo lo que pienso. Intuyo que siguen aquí, en Siria. Y espero que estén bien, de verdad. No me perdonaría jamás que les ocurriese algo malo por mi culpa, pues, al final, si están secuestrados, es porque me equivoqué en la elección del *fixer*.

Espikinglish ha venido a hablar conmigo. Me ha prometido que, si me porto bien y vuelvo a comer, iré con mis amigos en poco tiempo. Pero le he dicho que no. Que no me lo creo;

que de aquí no voy a salir y que ya está bien. Le he preguntado si van a dejar de pegarme, pero me ha dicho que eso no depende de ellos. He añadido que no tengo intención de volver a comer aunque me peguen todo lo que quieran.

Me rindo. Ya no quiero seguir luchando. Sé que no estarás orgullosa de mí porque yo no lo estoy. Pero no veo otra solución, Aleja. Cada día estoy más y más cansado. Veo cómo las fuerzas me van abandonando. Estoy muy, muy triste. He decidido dejarme morir.

16 DE NOVIEMBRE DE 2015

Ha vuelto a aparecer en mi celda el tipo que me interrogó hace un mes. Venía con cara de pocos amigos y bastante encabronado. Se ha sentado sobre el colchón para preguntarme por qué estoy en huelga de hambre.

Le he explicado que no puedo más. ¡Que estoy harto! ¡Harto! Le he dicho que no he hecho nada para que me tengan en una celda de aislamiento o para que me inflen a hostias sin venir a cuento; que yo no conozco a L.M. de absolutamente nada, que no le he visto en mi vida. Que mi único error fue hacerle un reportaje para una agencia extranjera. Que no soy su amigo y, por supuesto, que no soy ni un espía ni un traficante de armas. ¡Que solo soy un periodista! Que se equivocan conmigo y que lo único que quiero es volver con mis amigos.

El tipo ha escuchado en silencio. Me ha pedido que no llore. Dice que soy un hombre y no un niño pequeño. Me ha prometido que no me matarán, de momento. También que mis dos compañeros están sanos y salvos y en buenas condiciones, pero no voy a volver con ellos. Me ha dicho que me necesitan para grabar varios vídeos que subirán a internet para que todo el mundo entienda qué ocurre en Siria. Me ha dicho que a mí, como extranjero, sí me escucharán y me harán caso. Ha comentado que me sacarán de la celda para llevarme a campos de desplazados, a hospitales y a zonas bombardeadas. Que me filmarán en funerales o entrevistando a familias sirias que lo han perdido absolutamente todo. Por eso, dice, debo volver a comer y a beber agua porque me necesitan en plena forma.

«Me necesitan», dice. En ese momento es cuando le he dicho que hasta aquí. Que no tenía intención de servirles para su propaganda. Que no me creía nada de lo que me decía. Que el único vídeo que quieren hacer conmigo es el de mi ejecución. Y que ya les pueden dar por culo a todos ellos. Me he enrocado y le he dicho que no tenía intención de comer nada de nada. Que, por más golpes que me dieran, no pensaba volver a ingerir alimentos. Que prefería morir de hambre.

El tipo se ha levantado del suelo y se ha encaminado hacia la puerta de la celda. Me ha dicho que soy una mala persona y que mis compañeros van a ser los que sufran las consecuencias de mis actos. Entonces se ha terminado de cabrear conmigo. Me ha dicho que tenía dos opciones y que eligiera bien porque esto no era un juego. La primera era volver a comer. Le he interrumpido para decirle que no…

De lo contrario, me ha dicho cuando he vuelto a callarme, van a empezar a traerme a mis amigos en pedazos y yo voy a ser el único responsable de lo que les ocurra. Dice que les da igual cortarlos en trozos hasta que decida volver a comer. Y que allá yo con mi conciencia.

Ha cerrado la puerta y se ha marchado tras dejar un plato de arroz con pollo en el suelo. Me ha dado diez minutos para tomar una decisión y me ha aconsejado que sea la acertada, por el bien de todos.

Al final, después de mucho pensar, he decidido volver a comer. No por mí, sino por mis amigos. No quiero que les ocurra nada por mi culpa. En bastantes problemas los he metido ya como para empeorar su situación en esta mierda de sitio. Jamás me perdonaría que les ocurriese nada malo por mis decisiones. Si me tengo que joder, que sea yo el que pague el pato, y no ellos.

Tengo que buscar otras opciones para acabar con esto. Sé que no voy a aguantar mucho más aquí encerrado con todos mis miedos y fantasmas. La cabeza piensa y piensa, y en nada bueno. Tengo miedo, Aleja. Muchísimo, muchísimo miedo. ¡Y me siento tan solo! ¡Cuídame, por favor! Cuídame y protégeme. Te quiero.

19 DE NOVIEMBRE DE 2015

El generador que suministra luz a la casa ha dejado de funcionar. Lo sé porque todas las noches escucho, en la habitación adyacente, cómo los malnacidos de mis secuestradores ven la televisión. Lo hacen hasta que se acaba la corriente y se apaga, generalmente alrededor de la medianoche.

La casa se ha quedado en absoluto silencio. Oigo alguna que otra tos y algún vehículo en el exterior. Por lo demás, silencio total. Acongoja.

De pronto, tres golpes secos. Es el otro cautivo pidiendo que le abran para ir al baño. Lo hace cada noche. Y cada noche recibe respuesta. Está claro que las normas no son iguales para todos.

Hoy, sin embargo, algo ha alterado esa rutina. Uno de los captores, como siempre, ha acudido a su llamada. He escuchado el sonido de la llave abriendo primero el candado y posteriormente en la cerradura de la celda. La secuencia sonora hoy ha sido diferente. Dos golpes, un fuerte estruendo, gritos, voces, sonido de carreras, varias puertas abriéndose… más gritos.

Pienso que el tipo pretendía escapar. Ha debido abalanzarse sobre el secuestrador y lo ha cogido por sorpresa. Le ha golpeado hasta derribarlo. Ha echado a correr hacia la puerta. En ese momento el carcelero, desde el suelo, ha comenzado a gritar para alertar a sus compañeros. Han salido corriendo detrás del preso. Bajaban las escaleras como si la vida les fuera en ello. Más gritos. Golpes.

Al otro infeliz le han alcanzado en la calle. No muy lejos de la casa. De vuelta al interior lo he oído suplicar en árabe. No es ninguno de mis amigos. Por eso no obtenía respuesta a mi estrategia de los cromos futbolísticos. Ese tipo no entiende nada de lo que puse en mis pedazos de papel.

Le han metido en el baño y le han dado una paliza soberana. Primero puñetazos. Luego le azotaban. El Tarao le insultaba al tiempo que le golpeaba con todas sus fuerzas. Podía ver su cara de satisfacción con cada una de las hostias que le propinaba a ese pobre infeliz. También he reconocido la voz de Espikinglish y una tercera a la que no he logrado poner cara. No tengo, por otro lado, ningún interés en conocerlo.

«Even sermuta!» («¡hijo de puta!», en árabe), *«even sermuta!»*, le repetían. Era lo único que podía entender en lo que supongo que era una retahíla de insultos. Le daban cada vez más duro. Los golpes aumentaban en intensidad. Por un momento he pensado que se lo iban a cargar allí mismo. No ha sido así. Esta noche, al menos, no lo han matado. Hace un rato lo han sacado a rastras del baño para llevarlo de nuevo a su celda. El tipo iba llorando y gimiendo. Le han metido en la habitación y han cerrado de un portazo.

He pedido a Dios que lo proteja. Espero que no le ocurra nada al chaval. No sé quién es, pero nadie se merece algo así.

«Asef, asef!» («¡perdón, perdón!»), gritaba cuando le han trincado tratando de escapar. Le he oído con nitidez hablar árabe cuando suplicaba que le dejasen de pegar. Si en esas circunstancias habla árabe, es evidente que esa es su lengua materna. Eso quiere decir que los entiende cuando hablan. ¿Ha intentado huir por desesperación o porque ha escuchado algo que le ha llevado a preferir salir corriendo que quedarse sentado a esperar?

A pesar del escándalo no me he movido ni un milímetro. Estaba acostado bajo la manta cuando ha sucedido y así he seguido. Si me hacen una visita o me preguntan, prefiero fingir que dormía, aunque, obviamente, sean conscientes de que me he enterado de todo.

Ya han pasado varias horas. La casa vuelve a estar en silencio. Ya no escucho los lamentos del otro tipo. Lo imagino hecho un ovillo sobre el colchón, oculto bajo la manta, llorando sin consuelo y pensando en lo que le espera mañana cuando salga el sol. O quizá se haya dormido, quién sabe. Lo único cierto es que ya no se oyen sus lamentos. Y que, tras su intento de fuga, es posible que le quede poco tiempo.

En la madrugada, cuando todo el mundo duerme, escribo en mi diario lo que ha ocurrido. Pienso en el otro muchacho. Me da una pena horrible. ¿Desde cuándo estará secuestrado? ¿Qué le habrán hecho para que se armase de valor, se enfrentase a sus carceleros y tratase de huir? ¿Dónde están mis amigos, entonces? Muchas preguntas sin respuesta.

Lo cierto es que no es mi idea huir pese a estar harto de recibir manotazos y golpes. Pero, si alguna vez se me pasa por la cabeza, releeré estas líneas. Seguro que se me quitan las ganas.

20 DE NOVIEMBRE DE 2015

Esta mañana, el Tarao estaba más simpático que de costumbre. Entiéndase por simpático que hoy no me ha humillado, ni gritado ni amenazado. Supongo que va servido de satisfacción con la ración de hostias de anoche. Aunque, por otro lado, para un sádico como él imagino que sacar la mano a pasear no es cuestión de cantidad, sino de divertimento.

Nos hemos mirado fijamente. Me produce repulsión. Cada día le tengo más asco. Me dan ganas de escupirle o de darle un bofetón. He visto mil atrocidades y jamás me he topado con alguien que disfrute de ese modo. Es un hijo de puta mayúsculo.

Hoy ha tratado de ir de «coleguita». Me ha preguntado cómo estaba y si necesitaba algo. Ahora resulta que le preocupa mi estado. ¡Para cagarse! (Risas.) Imagino que quería saber si me había enterado de lo ocurrido. «*Kullu taman*» («todo bien»), le he dicho. Y nada más, porque no tengo nada que hablar con él. ¡Que le den mucho por el culo!

Antes de que se marchara, mientras me daba la comida, me he fijado en sus manos. Sus nudillos estaban despellejados y rojos. No me quiero ni imaginar cómo tendrá la cara el otro chaval, pero se la habrá dejado hecha un poema. Al otro lado de la puerta, de pie como un palo, estaba el Hobbit. Supongo que toman precauciones para evitar que vuelva a producirse un intento de escapada. Eso les pasa por confiarse.

En el baño no hay rastro de nada. Las paredes y el suelo están limpios. Todo en orden, salvo un trozo de manguera de color naranja y verde. Supongo que con eso le han golpeado. En una ocasión vi a varios rebeldes torturando con una goma igual a un joven soldado del régimen de Assad.

Por la noche, un coche se ha detenido cerca de la casa. Era una visita para el otro preso. Ha sonado el timbre y después los carceleros han abierto la celda de al lado. Han estado ahí bastante tiempo. No sé qué le estarían explicando, pero no le han pegado ni torturado, o al menos yo no lo he escuchado, y eso que he puesto todos mis sentidos para tratar de enterarme de algo. En vez de quedarme escribiendo en el colchón, he estado dando vueltas por la celda, pero nada. No se oía nada más que la televisión.

De momento, no se lo han llevado. Al salir han cerrado con llave. ¿Para qué iban a echar el candado si no retuvieran a nadie dentro? Pues eso. Sigue ahí. Me alegro por él. Teniendo en cuenta su situación, de no seguir encerrado estaría seguramente en una cuneta con un tiro en la nuca o algo peor. ¿Qué será de nosotros, Aleja? Cuídame, por favor.

24 DE NOVIEMBRE DE 2015

Hace un frío que pela. Cada mañana, estos tipos suben al tejado, donde están los depósitos de agua, y rompen el bloque de hielo en que se ha convertido para que el agua fluya por las cañerías y llegue a los grifos de la casa. ¡Qué ganas de que sea viernes, por Dios! Es el único día que me dejan duchar con agua caliente. Desde hace un par de días, no soy capaz de lavarme ni la cara ni las axilas. Prefiero oler mal y tener legañas. Porque, además, como en mi cuarto las puertas y las ventanas dan a la calle, el frío se cuela por cualquier rendija y esto parece un congelador.

Me paso todo el día metido bajo la manta. Veo el vaho que sale de mi boca. No puedo ni escribir. Tengo los dedos morados, entumecidos. Es difícil agarrar el bolígrafo así. Intento escribir, pero no voy más allá de unos garabatos ininteligibles.

Ya no camino porque las baldosas están gélidas. No imaginas lo que es andar todo el día por aquí con los pies descalzos. Les he pedido unos calcetines, pero dicen que eso es cosa de occidentales y que en Siria no hay. Lo gracioso es que me lo dice Espikinglish, que lleva puesto un par. En fin... El grado de hijoputez de esta gente no conoce límites.

Te decía que el viernes es el día del baño. Encienden una especie de caldera que funciona con gasolina para calentar agua. La sensación del agua caliente cayendo por mi cuerpo... ¡Ufffffff! ¡Es indescriptible! Me pongo en cuclillas en el baño, delante de los grifos, lleno los cubos y voy vertiendo el agua sobre mi cuerpo poco a poco. Sí, me ducho con palanganas, que es lo que hay. Si salgo de este puto sitio, lo primero que haré será tirarme horas y horas debajo de una ducha mientras escucho música.

¡Me gustaría tanto tener un desodorante a mano! Echo muchísimo de menos esa sensación de oler bien durante más de un día. Con el frío, la ropa no se acaba de secar bien y huele bastante mal, por lo que, incluso después de ducharme, me doy asco. En menos de veinticuatro horas apesto a sudor y humedad. ¡Encima el Tarao me dice que soy un cerdo! Le explico que, si no se ventila la habitación, los pantalones y las camisetas atufan, pero le da igual. Él dice que es porque yo no lavo bien las prendas.

Desde hace unos días la luz led ha ido perdiendo intensidad y se ha convertido en algo parecido a un borrón en la pared. Parece la luz de un faro que trata de guiar a los barcos en una noche muy brumosa. No soy capaz de distinguir ni la puerta de mi celda. Esta noche, en plan «romántico», el Tarao me ha traído una vela para que me ilumine o —creo yo— para tenerme controlado. Si yo no veo, ellos tampoco me ven a través de la cámara de seguridad. Me advierte que no puedo tocar la vela y que estará toda la noche despierto vigilando. ¡Que se joda! Yo tampoco puedo pegar ojo ¡por su culpa!

28 de noviembre de 2015

Querido hermano:

¿Cómo estás? Quiero escribirte hoy, un día tan especial para ti. Así que vaya por delante este enorme ¡FELICIDADES! ¿Pensabas que me iba a olvidar de tu cumpleaños? ¡Hombre de poca fe! Llevo todo el día pensando en ti y en si es conveniente escribirte o no. Pero ¡qué demonios! Me apetece muchísimo felicitarte y aprovechar para pedirte perdón.

Estoy recordando tu fiesta del año pasado. Viendo fotos antiguas en aquel bar donde reíamos, bebíamos y comíamos rodeados de amigos. ¡Éramos tan felices celebrando la vida! ¡Celebrando tantas cosas! ¡Cómo puede cambiar todo tanto en solo trescientos sesenta y cinco días!

Para mí, ese día fue muy especial. Era la primera vez de nuestra vida adulta que celebrábamos un cumpleaños juntos. No lo hacíamos desde que éramos pequeños. Me encantó estar a tu lado.

Durante mucho tiempo fuimos dos desconocidos que vivían bajo el mismo techo. Jamás te lo dije, pero me dolía muchísimo que nos cruzásemos por la calle o por casa y ni siquiera nos hablásemos. ¡Que nos sentásemos a comer todos juntos y que ni nos dirigiésemos la palabra! ¡Que nos mirásemos incluso con odio!

Doy gracias porque esos tiempos quedaron atrás, y te aseguro que pondré de mi parte para que jamás vuelva esa distancia. Ahora sé lo que tengo, lo valoro y no quiero perderlo. Eres una de las personas más importantes de mi vida, hermano. Y no puedo imaginar la existencia sin ti. Por eso me alegró tanto ir a verte a Múnich, pasar tiempo contigo, retomar cosas que sentía olvidadas… recuperar, en definitiva, nuestra relación de hermanos.

Nunca te lo he dicho, pero me siento infinitamente orgulloso de ti, Goyo. No solo por el profesional en que te has convertido —que también—, sino por el hombre que eres. Te admiro, hermano.

¡Hay tantas y tantas cosas que tengo que decirte! Y lo pienso ahora, cuando tal vez nunca llegue a decírtelas. ¡Qué lástima que haya que verse en una situación extrema para reparar en estas cosas!

Pienso en mi salida. Te imagino esperando en el aeropuerto. También me he visto dándote una sorpresa en Alemania. Apareciendo en tu oficina y abrazándote. Llorando juntos delante de tus compañeros, a los que explicas que el tipo al que abrazas es el capullo de tu hermano mayor. (Risas.)

Espero que estés bien, Goyo. Rezo todos los días por ello. Espero que tu gente en Múnich te acompañe y cuide, y que sigas disfrutando de la vida con todos los motivos que tienes para hacerlo. No te rindas, hermano. Yo trato de no hacerlo. Todos los días pienso en vosotros para sacar fuerzas de flaqueza.

Algún día te contaré lo que me ha pasado durante todos estos meses, pero hoy es tu día y quiero compartirlo contigo sin estropearlo. ¿Lo estás celebrando con tus amigos, con la familia?

Estoy orgulloso de ti, hermano. Sé que tú también de mí, aunque no me lo digas. Lo noto cuando compartes mis fotos o mis artículos. Eso me hace sentir importante. Te quiero, hermano, y, ¿sabes?, te haré mi particular regalo de cumpleaños. Me encantaría que fueses el padrino de mi hijo, si algún día tengo uno. Nadie mejor que tú. ¡Hermano, te echo muchísimo de menos!

1 DE DICIEMBRE DE 2015

Diciembre. Empieza un nuevo mes. Tengo la sensación de que voy a pasar aquí la Navidad. ¡Qué mierda! Nunca he sido muy de estas fiestas. Desde que murió la abuela, ya no son lo mismo. He pasado las últimas fuera de casa, pero este año… este año es distinto.

Pienso en papá y en mamá. Me los imagino a los dos. Solos. Pasando un frío de cojones. Llorando sin encontrar consuelo y con la esperanza de que su hijo mayor vuelva a casa en Navidad. Va a ser un palo bastante gordo. Mi sentimiento de culpa sigue creciendo y creciendo. Creo que, a este ritmo, voy a romper el medidor de culpabilidad.

Supongo que, para ellos —como para ti—, todos los días son igual de malos. Tener un hijo secuestrado, no saber absolutamente nada, la incertidumbre… y el calendario corriendo no sabes si a favor o en contra. Debe ser como el día de la marmota. Pero en Navidad, en unos días tan familiares, estar sin mí debe ser…

Aleja, espero que cuides de ambos. Espero que tu comportamiento esté siendo ejemplar. Que no discutas mucho con mamá. Que estudies. Que no seas una bala perdida. Por favor, hermana, hazlo por mí. ¡Coño, que ya tienes dieciocho años! ¡Ya eres toda una mujer! Tienes que sentar la cabeza y madurar un poquito. Y te lo dice el descerebrado de tu hermano mayor desde un zulo en alguna parte de Siria. Sí, sí… yo me atrevo a darte consejos porque me he equivocado muchas veces y no quiero que a ti te pase lo mismo.

Después de este rapapolvo, te cuento novedades. ¡Por fin ha aparecido el cuarto de mis mosqueteros! ¡Sí! Me ha abierto la puerta esta mañana para darme el vasito de aceitunas de rigor. ¡Putas aceitunas!

Es un tipo espigado. Flacucho. Iba embozado, como es costumbre por estos lares. Solo he podido verle los ojos, pero parece joven. Debe rondar los veintipocos. Tiene una voz dulce y aniñada. Parece simpático, o quizá sea su papel. Por primera vez desde que estoy con estos tipos, alguien me ha preguntado si necesito algo o si estoy bien. Yo me he encogido de hombros porque la pregunta me ha pillado por sorpresa. No he sabido qué responderle. Me ha preguntado si tengo mucho frío. Obviamente, he afirmado moviendo la cabeza. ¡No te lo vas a creer! ¡Cuando regresé del baño tenía una segunda manta sobre el colchón! ¡Joder, así da gusto! Ya podría entrar todos los días este y no el Tarao, quien, por cierto, no sé dónde demonios está. Lleva varios días sin asomar el careto por aquí. Quizá le hayan dado unos días libres para tirarse a la parienta. Quizá lo hayan llevado al frente; a ver si con un poco de suerte le cae encima un cascote y le deja medio tonto... o, en su defecto, le arregla la avería mental que tiene. ¡Valiente hijoputa!

Pienso en la mujer del Tarao. Pobrecilla. Tiene tela aguantar a semejante individuo. Una santa es lo que es esa mujer. Debe estar encantada con el curro que le ha salido a su marido. Más de tres semanas fuera de casa, sin dejarse ver por allí. Por mí, y lo siento por ella, ya se puede quedar con su familia de por vida. ¡Dios, qué asco le tengo!

Fresita no tiene nada que ver con él. Sí, Aleja, sí, así le he bautizado. Es que es tan... tan... ¡Pues eso! ¡Tan fresita! Pienso que es el tipo al que el otro preso intentó reducir para escapar. Esa voz tan fina no puede ser de nadie más. Además, después de verle, yo también le hubiese elegido a él para huir de este sitio. De los cuatro carceleros, es el más débil con diferencia. Un par de golpes y cae redondo al suelo. No tiene pinta de ser un *killer*.

Por cierto, el otro preso sigue en el mismo sitio. O por lo menos creo que es el mismo tipo porque, como no he podido verle, pues me lo imagino. Le abren la puerta todas las mañanas y todas las noches, antes que a mí. Pero nada más. No le han vuelto a pegar ni a interrogar. Nada de nada.

En fin... Que estoy aburrido de cojones y aquí sigo esperando. Es lo peor de todo. Esperar y esperar cada vez con menos esperanza a que alguien me diga algo.

9 DE DICIEMBRE DE 2015

«Dale vida a tus sueños...» Es la frase que leo cada mañana después de tachar la fecha. Mis sueños están tan, tan lejos de este lugar... que ya casi no recuerdo ni cuáles son. Lo único que necesito es volver a veros a todos. Noto cómo me voy apagando cada día un poquito más.

Hoy se cumplen ciento cincuenta días de secuestro. Cinco meses. Dos de ellos en absoluta soledad. No sé cómo he sido capaz de aguantar tanto tiempo. ¿Sabes? Llevo tantas semanas aquí que pienso mucho, y he llegado a la conclusión de que nadie debería estar solo.

«El ser humano es con otro ser humano.» Cierta persona me dijo una vez esta frase, algo críptica, y hasta ahora no había entendido su significado. Nadie se merece estar solo y aislado del mundo. Encerrado en un zulo sin poder intercambiar palabra con otro semejante. Sí, definitivamente, es lo peor de este secuestro. Como lo lees. Puedo soportar las humillaciones, encajar los golpes con más o menos dignidad, pero estar solo es una tortura. Espero que mis dos amigos estén juntos. No me los quiero ni imaginar en unas condiciones como las mías.

Hoy ha vuelto el Tarao. Le habrán echado ya de casa. Le he dicho que me estoy muriendo de frío. Se la pela y no lo disimula. «Si tienes frío, haz deporte. Pero ten cuidado porque, si te pasas, sudarás y será peor para ti», me suelta el tipo con sus dos cojones. Se ha quedado más ancho que largo. Lo peor es tener que oír esa risa de tonto del culo que tiene. Porque se ríe. El malnacido disfruta al verme sufrir.

Sí, sí... Me paso el día diciendo tacos, pero este es el único momento de la jornada en el que me puedo desahogar con alguien. El resto del tiempo me lo paso llorando sin consuelo. Trato de buscar explicación a tanto sufrimiento y no la encuentro.

Hoy debe ser el día de las visitas. Hace un rato ha aparecido por aquí Espikinglish. Ni corto ni perezoso, se ha sentado conmigo en el colchón y me ha hablado de los milagros del Corán. Como te lo cuento. Se había escrito en un folio en blanco una serie de supuestos hechos que serían la prueba irrefutable de que el Corán viene de Alá y de que no lo escribió ni el profeta Mahoma ni ningún otro hombre.

Según él, y según la página de internet de donde ha sacado la información, la palabra «semana» se repite 54 veces en todo el libro; «mes», 12, y «día», 365. He estado tentado de preguntarle por los años bisiestos, pero no creo que le hiciese mucha gracia ni que entendiese la broma. Te lo comento a ti, que seguro que tienes más sentido del humor que este capullo.

Luego ha seguido con las palabras «hombre» y «mujer». Pues resulta que se repiten el mismo número de veces, lo que demuestra que Alá quiere a ambos por igual. Luego le ha tocado el turno a «agua» y «tierra». Al parecer, «agua» aparece un 70 por ciento más veces que «tierra», señal de que en el planeta predomina la superficie hídrica. Sí, sí... yo también pensaba, según me lo iba contando, que está zumbado.

Él, sin embargo, estaba superilusionado, motivado y muy metido en su papel de maestro. Ha estado como media hora conmigo explicándome todo eso y más cosas sobre la religión verdadera. Yo, como es lógico, le escuchaba con muchísima atención. ¡Como para no hacerlo! Es la primera vez en semanas que hablo con alguien. ¡Como para desperdiciar la oportunidad! Antes de irse, me ha preguntado qué me ha parecido. Y le he contestado que me ha resultado muy interesante y que ha sido muy didáctico. Dice que volverá pronto para enseñarme más cosas sobre el islam, el Corán y el Profeta. Yo le he dicho que aquí sentado le voy a esperar, que puede venir cuando quiera.

19 DE DICIEMBRE DE 2015

—¿Sabes quién es? ¿Lo reconoces? —me ha preguntado el tipo que me interroga mientras me mostraba dos fotografías en su teléfono móvil—. No me mientas —me ha dicho elevando el tono.

En la pantalla, un hombre de mediana edad, unos cincuenta o cincuenta y cinco años. Pinta de ejecutivo o de intelectual. Gafas y traje de chaqueta grisáceo con corbata granate sobre camisa blanca. Espesa barba con canas en la barbilla. Debe de haber sacado la imagen de algún programa porque me ha parecido reconocer el logotipo de una cadena de televisión de España.

No he visto a ese hombre en mi vida. Pero el tío ha insistido. Ha mantenido la imagen en la pantalla bastante tiempo, como si eso me fuera a ayudar a recordar. Por activa y por pasiva le he dicho que no. Finalmente, ha desistido en su empeño. Parece que me ha acabado creyendo.

Sin más, ha sacado una segunda fotografía. L.M. Lo he reconocido nada más verlo. La instantánea que me muestra es una de las que me envió para el reportaje que publiqué en AFP sobre él.

El interrogador ha asentido con la cabeza para dar por válida mi respuesta y luego me ha enseñado nuevamente la primera imagen. ¡Qué insistencia! Una vez más le he dicho que no sé quién es esa persona.

Tras guardarse el teléfono en el abrigo, me ha preguntado si L.M. fue soldado en el Ejército español, si tiene vínculos con los servicios de inteligencia e incluso si ha vendido armas en Siria. Se interesa también por mi relación con él.

Se acaba de marchar. Le he contado lo que sé. Algo me dice, sin embargo, que no tardaré en volver a verle. ¡Joder, puto L.M. En menudo lío me ha metido sin comerlo ni beberlo. No sé quién le dio vela en este entierro y, aunque supongo que intentó ayudarme de buena fe, lo cierto es que, por más que yo trato de desvincularme de él, aquí siguen creyendo que soy espía y que trabajo para el Gobierno.

En fin... ¿Sabes a qué le tengo más miedo? A la noche. Desde que estoy solo le tengo pavor. Hace semanas que no logro conciliar bien el sueño. Estoy intranquilo y asustado. Sé que por el día, salvo los momentos puntuales en los que entra el Tarao y me da una somanta de hostias, estoy a salvo. Pero por la noche la cosa cambia. Es cuando siempre se producen los traslados, los interrogatorios... los trances cruciales. Como el de hoy.

Me gusta que me hagas compañía, mi niña. Te echo de menos.

22 DE DICIEMBRE DE 2015

Esta noche, al volver de lavarme los dientes en el cuarto de baño, nuevo interrogatorio. El Tarao y el Hobbit de pie, pertrechados con linternas, junto a un tercero que me ha pedido que me siente en la cama. Durante un buen rato me ha mirado fijamente. Mientras me estudiaba minuciosamente, yo temblaba de frío.

—¿Tienes miedo? —me ha preguntado sin quitarme los ojos de encima.

—No, lo que tengo es muchísimo frío. Esta celda parece una nevera. Me voy a morir congelado —le he respondido.

No le ha importado demasiado. Más bien nada. Sigo igual. Quizá ha creído que mentía y que mi tiritona se debía a un ataque de nervios.

Después de su mal disimulada preocupación, ha mirado los tres cuadernos que tengo apilados al lado del colchón. Les ha echado un vistazo pasando las páginas a toda velocidad. Si esperaba encontrar algo, está claro que no lo ha hecho porque rápidamente me los ha devuelto. Me ha dicho que puedo pedir todos los cuadernos que quiera, pero que no podré llevármelos conmigo. Que cuando me vaya, deberán quedarse aquí.

Eso quiere decir que pronto me iré de aquí. Lo que no sé es adónde. Que me movieran de lugar en realidad era algo con lo que ya contaba. Llevo tres meses aquí y es tiempo más que suficiente. No creo que quieran levantar ningún tipo de sospecha.

Me ha dado una carta manuscrita en inglés y me ha pedido que la lea en voz alta. La he tomado entre las manos mientras seguía tiritando de frío.

> Mi nombre es Antonio Pampliega y, junto a mis dos compañeros, llevo cinco meses secuestrado en Siria, donde vine a trabajar para mi Gobierno. Hasta el momento estamos con vida.
>
> Antes de nada, queremos enviar un mensaje de agradecimiento a nuestras familias, a nuestros amigos, a nuestros compañeros de profesión y a toda la gente que se está preocupando por nuestra situación y que nos está apoyando.
>
> Debéis saber que nuestro Gobierno se ha desentendido de nuestra situación y desde ahora serán los responsables de cualquier mal que nos pueda ocurrir. Hay alguien que no quiere que volvamos a casa junto a nuestras familias, por lo que os pedimos que nos ayudéis a encontrar al responsable de nuestra situación y lo desenmascaréis. Por favor, ayudadnos a volver a casa.

He leído el mensaje y después le he mirado fijamente. Me ha preguntado si lo entendía y he asentido con la cabeza. Después me ha ordenado que lo leyera de nuevo para grabarlo con una cámara de vídeo. He pensado en Jim y en lo que podía venir a continuación, y me he negado. Le he dicho que ya podían cortarme la cabeza porque no les iba a bailar el agua con su propaganda de mierda.

El tipo ha hecho un gesto al Tarao. Acto seguido, con sumo gusto, me ha soltado varios puñetazos en la cabeza. Le encanta obedecer ese tipo de órdenes. El malnacido disfruta.

Me ha vuelto a preguntar si quería leer la carta y me he vuelto a negar. ¡Que se dejen de hostias y que me corten en dos, pero que no me obliguen encima a leer sus mierdas!

Me ha prometido que no me iban a matar, de momento. Me ha dicho que todavía les soy útil y que, si accedía a leer la carta, iba a facilitar que mis dos compañeros volviesen pronto con sus familias.

He colocado el texto en el suelo. Sin mirar a cámara he leído cada palabra, cada línea, cada párrafo. Lo he repetido en inglés y en español acatando sus órdenes. «¡Ten mucho cuidado de no mandar algún tipo de mensaje al Gobierno! Tenemos gente que habla español y lo chequearán antes de mandarlo», me ha advertido. Ni se me había pasado por la cabeza.

Mientras él grababa, sus dos esbirros me apuntaban con las linternas a la cara para dar una sensación más lúgubre o acentuar mis ojeras, mi delgadez o mi aspecto desaliñado.

¡Ojalá esto sirva de algo!

Cuando se han ido, he pensado mucho en vosotros. Sobre todo en mamá. Hoy es 22 de diciembre. Imagino que enviarán el vídeo sobre el 24 y las televisiones de medio mundo lo emitirán el 25. Es decir, el día de Navidad. ¡Un regalo cojonudo!

25 DE DICIEMBRE DE 2015

Queridos padres:

¿Por dónde empezar? Pues por el principio, que siempre es mejor. Lo siento. Lo siento. Lo siento. Podría estar horas y horas pidiéndoos disculpas, pero no habría cuadernos suficientes para hacerlo.

Imagino que a estas horas ya habréis comido y, conociéndoos, lo habréis hecho a lo grande y por todo lo alto. ¡Cómo os envidio! Yo he comido, para variar, un vasito de aceitunas, que en esta ocasión eran negras y estaban un poco amargas. Para cenar me han traído arroz frío con un par de trozos de pollo. ¡Qué ganas tengo de una comida caliente!

Además, ¡tengo más hambre que el perro de un ciego! Por la noche, cuando estoy oculto bajo las mantas, estiro el brazo para buscar un pedazo de pan duro que siempre guardo de la cena y me lo voy comiendo poco a poco, como si fuese un ratoncito. Ahora ya casi no me rugen las tripas. Al principio era increíble. ¡Pensaba que tenía un monstruo en el estómago! Debe ser que el bicho ya se ha aburrido y me ha abandonado.

Espero que hayáis pasado el día en familia, que para eso son estas fechas. Para reunirse con las personas más importantes y celebrar la vida. Nadie merece pasar solo la Navidad. No. No hay derecho.

Pienso en vosotros y se me rompe el alma. ¡No os podéis hacer una idea de las ganas que tengo de volver a veros! Aún recuerdo cuando nos despedimos en el aeropuerto. Nunca os había visto llorar tan amargamente al irme a trabajar. Supongo que, en el fondo de vuestro corazón, sabíais que esto tarde o temprano sucedería. Aun así, no dijisteis nada y me apoyasteis. Como siempre habéis hecho.

¿Se ha hecho público el vídeo? A estas alturas supongo que sí... Han pasado más de cinco meses desde el secuestro. Imagino que el teléfono no habrá parado de sonar. Espero que os estén arropando y protegiendo.

Estas son, seguro, las Navidades más amargas que habéis pasado en vuestra vida. Para mí también lo son.

¿Habéis visto el vídeo que me obligaron a grabar? No paro de pensar en eso. Os veo en el sofá viendo cómo la imagen deteriorada de vuestro hijo abre todos los telediarios. ¡No me lo quiero ni imaginar! ¡Ha debido de ser terrible! ¡Lo siento muchísimo!

Yo estoy bien. De verdad. Hay días mejores y días peores, pero aguanto como un titán. Esta panda de hijos de puta no podrá conmigo. Os lo prometo. Hace unos días tuve un sueño que no me gustó nada. Era sobre ti, mamá. Regresaba a España y no estabas en el aeropuerto para recibirme. Papá me decía que no habías podido soportarlo y que te habías muerto de tristeza. ¡Por favor, no desfallezcas! Si yo puedo, tú por cojones tienes que resistir! ¡No te puedes rendir! Yo no lo hago. Yo lucho todos los días. ¡Haz lo mismo! ¡Si te pasase algo, no me lo perdonaría jamás! ¡Aguanta!, ya queda poco. Confía en mí.

En fin... Solo quería deciros que me siento muy orgulloso de vosotros. Si hoy soy quien soy, es gracias a vosotros. Sois el espejo en el que me he mirado todos estos años. Gracias por darme tantísimo sin esperar nada a cambio. Rezo todos los días para que nos podamos ver más pronto que tarde.

Cuidaos mucho, por favor.

Vuestro hijo, que os quiere.

26 DE DICIEMBRE DE 2015

¡Aleja! ¡Papá Noel ha venido a verme! Sí, sé que hoy es 26 de diciembre y que lo ha hecho con un poco de retraso. Pero, puesto que estoy metido en un puto zulo, pues imagino que le habrá costado más de la cuenta encontrarme. (Risas.) No se lo voy a tener en cuenta porque finalmente lo ha conseguido. ¡Estoy tan contento! Ha sido un chute de energía después de estos días tan tristes. Lo he agradecido muchísimo.

El Tarao ha entrado esta mañana en mi celda con una bolsa llena de mandarinas. ¡Con mandarinas! Es la primera fruta que ingiero en meses. Me ha dicho que son buenas cuando no te da la luz del sol porque tienen no sé qué vitaminas. Me ha dicho que puedo comer todas las que quiera y que, cuando se acaben, me traerá más.

¿Tan mal aspecto tenía en el vídeo que me grabaron? No sé. Hace mucho tiempo que no me veo en un espejo. La única imagen mía que tengo es la que refleja la parte trasera del plato de latón donde me echan la comida. Sí, me echan la comida, porque soy su perro. Así me lo hacen saber a la mínima de cambio y así me tratan. Me pasean dos veces al día —cuando se acuerdan— para ir al baño o alimentarme. Me pegan para «educarme» o para castigarme cuando hago algo mal. A veces, ¡putos sádicos!, lo hacen simplemente por diversión. Y repiten hasta la saciedad que no son unos criminales. ¡Joder! ¡El que seguro que no es un criminal aquí soy yo! ¡Soy periodista, nada más! ¡Periodista!

Las mandarinas han estado bien, pero tengo otro motivo de alegría más importante. ¡Que ya era hora! Mi segundo regalo de Navidad ha sido… ¡una carta de mis amigos! ¡Sí! Son solo un par de líneas, pero leerlas ha sido ¡indescriptible! ¡He estado a punto de darle un abrazo al Tarao cuando me la ha entregado! (Risas.) Menos mal que me he logrado contener porque este imbécil lo mismo piensa que le quiero pegar o vete tú a saber. Tengo sensaciones encontradas. Por un lado, estoy supercontento de saber de ellos; por otro, triste porque esa misiva significa que siguen aquí en Siria, secuestrados como yo. Espero que pronto puedan volver a casa.

Hola, Antonio:

¿Cómo estás? Nosotros estamos bien. Te deseamos una feliz Navidad y ojalá el próximo año nos podamos ver fuera de aquí. Cuídate.

Reconozco perfectamente la letra de uno de mis amigos. La identificaría con los ojos cerrados. La carta, en cualquier caso, está firmada por los dos, luego ambos estaban bien por lo menos hasta el 25 de diciembre, que es cuando está fechada.

Me han dejado que les responda.

¡Hola, amigos!

Me alegra saber de vosotros. Yo también os deseo una feliz Navidad y un próspero año nuevo. Espero que nos podamos ver pronto y que nos vayamos a casa lo antes posible para estar con nuestras familias.

Un fuerte abrazo,

A.

El Tarao me ha dicho que se la harán llegar lo antes posible. Según cuenta, dentro de poco todos nos iremos a casa. Lo único que tenemos que hacer es esperar porque es cuestión de tiempo, nada más.

Este tipo es bipolar; estoy casi seguro. Tan pronto me da de hostias como sufre porque me faltan vitaminas. Ahora resulta que se preocupa por mí. No me creo ni la mitad de la mitad de lo que me dice. Además, este no sabe ni por dónde vienen los tiros. No es más que un mandado al que le han dado una posición de poder sobre un occidental y la aprovecha. ¡Vamos que si la aprovecha! Hoy me da igual. Tengo mi regalo de Navidad. Releo la carta cada poco. Hoy soy un poco más feliz que ayer.

28 DE DICIEMBRE DE 2015

No sé qué mosca les ha picado a estos que ahora van todos de colegas, parecen mis mejores amigos. Hoy por la noche me ha visitado el tipo que me interroga y ha hablado conmigo un buen rato de lo divino y lo humano. ¿Estará la cosa realmente tocando a su fin? ¡Ojalá!

Entre otras cosas, me ha contado que me secuestraron para que Occidente se interese por lo que ocurre en Siria. Dice que el mundo los ha olvidado porque no tienen petróleo como Libia, pero que ellos también necesitan el apoyo de las grandes potencias para derrocar a Assad. Ellos, dice, trabajan por los civiles y no por ellos mismos. ¡Ahora resulta que Al Qaeda es una ONG!

¡Menudo hipócrita! A estos tipos les importan los civiles entre poco y nada. ¿Se preocupan por ellos y los usan como escudos humanos? Les han robado y secuestrado la revolución para hacerse con el poder. ¡Panda de miserables!

Ha vuelto a plantearme lo de salir a la calle a grabar vídeos con la gente. ¡Vamos, que van a hacer suyos los métodos de Dáesh! Intuyo que me quieren convertir en el nuevo John Cantlie, el periodista británico secuestrado por el Estado Islámico en noviembre de 2012 que protagoniza sus vídeos de propaganda.

Por otro lado, me ha puesto al día sobre la actualidad. Me ha comentado que los rusos están bombardeando sus posiciones en la ciudad de Alepo y que la guerra se ha recrudecido. Me ha hablado de bombardeos desde portaaviones e incursión de tropas terrestres iraníes y de Hezbolá, la milicia chiita libanesa.

Me ha dicho que en España ha habido elecciones y que han ganado los mismos que ya estaban en el poder. No sé si para nosotros esto es bueno o malo, pero me ha alegrado tener noticias de mi país después de tantísimo tiempo. Le he preguntado por el fútbol, pero me ha dicho que no le gusta. ¡Menuda suerte la mía! Debe ser de los pocos sirios a los que no les gusta el fútbol.

Mantenemos estas conversaciones tan amigables mientras bebemos té. No es fácil para un tipo embozado. Es curioso verlo girar la cara hacia la pared cada vez que da un sorbito para que no le vea el rostro cuando se sube el pasamontañas. ¡Qué situación tan ridícula! Tras terminar, me ha contado el verdadero motivo de su visita, que no era otro que hacerme una fotografía. Me ha entregado una fotocopia de la portada de la edición digital del periódico español *ABC*. Solo me ha dado tiempo a ver uno de los breves de la cabecera en el que ponía que Santiago Segura iba a ser el director de la próxima entrega de *Star Wars*. (Risas.) Hoy es 28 de diciembre.

¡Volver a leer en mi idioma ha sido tan estimulante! Leer algo que no haya escrito yo. Porque leo y releo sin cesar todo lo que voy escribiendo. La novela para Goyo o este mismo diario, que trato de memorizar.

Le he agradecido mucho las lecciones de religión que estoy recibiendo por parte de sus amigos, y le he pedido por favor que intente hacerme llegar algún libro que no sea religioso. Algo más liviano. Alguna novela o relato corto o historia del tipo de Harry Potter. ¡Ese libro es universal, digo yo que lo tendrán en Siria! Me ha dicho que lo consultará con el jeque y que, si da su visto bueno, me traerá varios libros.

¡Vamos, que no voy a leer una puta mierda hasta que no salga de aquí, si es que salgo! Prefiero que me den un no por respuesta a que me vacilen. Pero un libro... ¡Joder, que es un libro, no una bazuca!

1 DE ENERO DE 2016

¡Feliz año, Aleja! Sé que nos vamos a ver muy pronto. Sí, este va a ser el año en el que nos volvamos a abrazar. ¡Estoy seguro! Ayer, para celebrar la entrada de este 2016, pelé un par de mandarinas que he estado guardando este tiempo y coloqué sobre las mantas doce gajos. Cuando se apagó la televisión de estos tipos, empecé a comérmelos de uno en uno, imaginando que eran las uvas y que oía las campanadas.

Lloraba sin parar mientras me metía en la boca cada gajo de fruta. No tenía muchas ganas de celebrar nada, pero pienso en vosotros y es mi forma de acompañaros y de no estar solo. Mientras masticaba el último gajo, cerré los ojos y pedí un deseo. ¡Ojalá se cumpla!

El Tarao ha sido la primera persona que he visto en este 2016. Estaba afable. *«Aliaun kabira barda»* («Hoy hace mucho frío»). Esa ha sido toda nuestra conversación esta mañana cuando me ha abierto la puerta.

¡Qué ganas de volver a reír contigo, hermana, y también de hacerte rabiar! Seguro que a los cuatro días ya no nos soportamos y estamos a la gresca, como siempre. Pero sabes que soy un poco cabroncete y tengo que abusar de mi posición de hermano mayor, ¿no?

¿Sabes? Acabo de volver de darme un buen baño de agua caliente. Me tomé mi tiempo y me recreé. Es el único momento de intimidad que tengo a lo largo de la semana, así que me gusta disfrutarlo. Cada cubo de agua vertido sobre mi cabeza o mi espalda es revitalizante. Me llena de energía. ¡Qué tontería!, ¿verdad? En España no le damos apenas importancia y en situaciones tan extremas como esta parece un privilegio.

Da igual que me tenga que lavar con jabón de los platos o que no tenga ni toalla para secarme. Uso una camiseta interior que luego tengo que lavar a mano, como toda mi ropa. Me dan un cacito de polvos de lavadora y lavo la ropa con agua helada en uno de los cubos que, previamente, uso para lavarme yo. La tiendo en los pomos de la puerta de la habitación. Es un problema. La ropa gotea y el suelo de la celda se llena de agua. Excusa perfecta para llevarme un golpe del Tarao. No sé cómo pretende que la escurra.

Por cierto, ¡hoy ha nevado! Por el tragaluz del baño, he visto la nieve acumulada sobre la valla de piedra que da al jardín. Los árboles estaban desnudos y las ramas, blanquecinas. Desde que estoy secuestrado, he visto pasar el verano y el otoño; espero estar en casa para cuando empiece la primavera. Sería increíble poder estar en España para marzo y celebrar mi cumpleaños con vosotros.

Estos días he estado pensando en lo que me dijo el tipo que me interroga: que no voy a poder sacar ninguno de los cuadernos de Siria. ¡Me jodería tanto que se perdiera todo esto! Como bajo las mantas no pueden verme con la cámara, he arrancado todas las páginas escritas y me las he escondido en los bolsillos, que son bastantes. El pantalón vaquero tiene seis. Dos en el trasero, otros dos en los laterales y dos más a la altura del muslo. También he guardado papeles en los bolsillos de la sudadera. La novela para Goyo, la he escondido en los bolsillos del pantalón que llevo bajo los vaqueros. Como he perdido mucho peso, el tejano se me cae y, como me han dicho que no me van a dar un cinturón, tengo un pantalón de chándal debajo. Ahí la he guardado. Espero que no me cacheen porque, si no, a ver cómo les explico por qué guardo todo esto.

Este diario que te escribo lo tengo en los bolsillos de la sudadera. A mano para poder releerlo cada cierto tiempo. Cada vez que lo hago, me entran más dudas sobre si eres la destinataria adecuada. En fin…

8 DE ENERO DE 2016

Al Tarao le han debido de dar unos días libres porque ahora es Espikinglish quien entra por la mañana a darme el vasito de aceitunas, que, por cierto, se las podrían meter por el culo. ¡Cuando salga de aquí no volveré a comerlas en mi vida! Ya podrían cambiar el menú, ¿no? Lo sé, lo sé… Estoy secuestrado y me jodo.

El tipo me ha dicho que el Estado Islámico atentó en París. Por lo que he entendido, porque su inglés es entre malo y muy malo, un grupo de yihadistas entraron en una fiesta y empezaron a matar gente para luego inmolarse. Dice que hay ¡más de cien muertos!

No comparte los métodos que usa Dáesh. Matar civiles, según dice, no está bien y va contra el Corán. Pero, siempre hay un pero, como Francia asesina civiles al bombardear Raqa, pues «ojo por ojo y diente por diente, como dice el Corán». «Esto es la yihad y la vamos a extender por todo el planeta. Los occidentales creéis que podéis venir a nuestro país a matar a nuestra gente y que no va a haber consecuencias, pero estáis equivocados. Estados Unidos, Madrid, Londres y ahora París... No nos vais a detener. Nos podéis llamar terroristas, pero vosotros sois los auténticos terroristas», ha sentenciado subiendo el tono.

Luego se ha calmado un poco y ha bajado el volumen. Ha repetido que él no apoya el asesinato de civiles de ninguna religión ni país. «Todos somos criaturas de Alá y solo Alá tiene el poder de decidir quién vive y quién muere.» Pero, y aquí viene lo mejor de la mañana, no le parece mal que los periodistas franceses de *Charlie Hebdo*, los que hicieron una caricatura de Mahoma, estén muertos: «Las personas que atacaron esa revista son héroes para los musulmanes. No se puede ofender al Profeta sin que haya consecuencias. Yo no ridiculizaría nunca a Jesús. Lo respeto y me gusta porque también es uno de nuestros profetas».

«Nosotros somos los terroristas porque matamos en nombre de Alá. Pero ¿qué pasa con los cristianos? En América matasteis a muchas personas que tenían diferentes creencias. Pero los terroristas somos nosotros, y ¿vosotros qué? La historia siempre la escribís los occidentales y el resto del mundo somos los malos. ¿Sabes? Me hubiese gustado matar a esos periodistas con mis propias manos.»

Esa ha sido nuestra conversación mañanera. Bueno... más bien un monólogo porque él hablaba sin parar y yo escuchaba con atención. Me gustaría saber a qué se dedicaba este tipo antes de la guerra. Parece bastante culto como para ser un simple vendedor de teléfonos móviles o trabajar en un puesto de frutas. Además, habla inglés, algo bastante inusual en Siria.

Por cierto, tengo que confesarte una cosa porque necesito contárselo a alguien. Me da vergüenza hablarlo con Dios porque no sé si me entendería. En el baño han dejado una cuchilla de afeitar. He roto el cabezal y me la he escondido en la ropa interior. Tiré el mango al exterior por el tragaluz. No sé qué voy a hacer con ella, pero en los últimos días se me están pasando varias cosas por la cabeza, y ninguna de ellas es buena.

Desde el 1 de enero no me he movido de la cama, salvo para ir las dos veces al día al baño. Ya ni siquiera escribo, ni canto ni hago absolutamente nada que no sea hablar con Dios o con mamá. Llevo varios días hablando con ella por la noche en busca de consuelo. No paro de llorar. Me paso el puto día llorando. Parece mentira que esté a punto de cumplir treinta y cuatro años porque me comporto como un niño pequeño. Me doy asco a mí mismo. Hace tiempo que no me reconozco. Menos mal que no podéis verme en estas condiciones porque os daría vergüenza.

Te quiero, hermana. ¡Cuídame, por favor! Cuídame, porque noto que las fuerzas me empiezan a fallar de nuevo.

14 DE ENERO DE 2016

Hace tres meses que vivo en absoluta soledad. No sé nada de nadie. Ni de mis amigos ni de vosotros... Estoy completamente solo en este agujero. Solo veo a las personas que me tienen encerrado, y poco. Ellos controlan todo. Han cerrado la puerta y tirado la llave. Ellos me empujan cada día un poquito más cerca del abismo.

A lo largo de este tiempo de soledad, he perdido toda esperanza. Mejor dicho, se han encargado de robármela. Me han robado eso y otras muchas cosas: la felicidad, la alegría, la ilusión, la sonrisa… ¡Hace tanto tiempo que no sonrío! ¡Cabrones! Desprendo tanta tristeza, Aleja. Soy un ser pusilánime. No soy el Antonio que tú conoces. ¿Qué han hecho conmigo? ¿Por qué me están haciendo esto a mí? Ya no aguanto más. No soporto más golpes, ni más humillaciones, ni más vejaciones, ni más sadismo, ni más amenazas de muerte, ni más insultos, ni más interrogatorios ni más risas a mi costa. Sí, cada vez que pueden, me aprietan hasta que rompo a llorar y luego los oigo reírse de mí. Pero aún no han conseguido que llore mientras me golpean. Aún me queda un poquito de dignidad. Eso es lo único que conservo. Lo demás… me lo han quitado.

Lo único que sé, y que tengo absolutamente claro, es que el castigo está siendo excesivo, además de severo. Nadie se merece pasar por esto. Solo quiero que terminen de una vez con todo esto. ¡Que me dejen en paz! ¡Que dejen de castigaros con la incertidumbre! No os lo merecéis. Si me van a matar, que lo hagan lo antes posible. Que sea rápido y, sobre todo, que no me duela.

Pienso mucho en la muerte. Sobre todo después del vídeo que me grabaron el pasado 22 de diciembre. Los he visto colocarme un cuchillo en la garganta… Y no estoy preparado para morir. Ni de coña. Envidio a aquellos que presumen de estarlo. Yo no. Lo intento, de verdad. Trato de hacerme a la idea. Cada día trato de asumir mi destino, pero lo único que consigo es llorar y llorar. Me atormenta pensar en cómo afrontar la hora de mi ejecución. Creo que no voy a ser capaz de mantener la entereza. Soy un niño encerrado en el cuerpo de un hombre de casi treinta y cuatro años. El valor que creía tener no está. Estoy aterrado y tengo miedo. Mucho, muchísimo miedo.

Pienso en ti, en papá, en mamá, en Goyo… No quiero que me veáis por televisión mientras me cortan el cuello. No quiero que veáis cómo me derrumbo delante de una cámara de vídeo. No quiero que me oigáis suplicar por mi vida.

He tomado una decisión. Puede que no sea la correcta. Puede que sea la salida más sencilla. Puede, puede... Pero hay que verse en mi lugar. Me avergüenzo de mi actitud, pero quiero ser yo, de una vez, el que coja el toro por los cuernos. Hace muchos meses que no tomo decisiones. Seré yo, y solo yo, quien decida cuál es mi destino. Sé que no estaréis orgullosos de mí, sencillamente porque yo no lo estoy. Os vuelvo a fallar, una vez más, pero sé que me acabaréis perdonando porque siempre lo hacéis.

No puedo más, de verdad. Estoy desesperado. ¡Ya no puedo más! Miro las dos cuchillas que he robado a mis carceleros en el cuarto de baño. Las sostengo sobre la palma de mi mano derecha. ¡Se acabó seguir siendo un perro! ¡Se acabó seguir sufriendo! ¡Se acabó la incertidumbre a la espera de ir al cadalso! Miro esos dos trozos de metal...

15 DE ENERO DE 2016

Mi querida niña Alejandra:

Soy un cobarde. No he tenido valor para quitarme la vida. Empecé a cortarme las venas. Apretaba el puño y los dientes para tratar de mitigar el dolor que me producían las cuchillas al rasgar la piel.

Apenas era capaz de distinguirme los tendones de las venas. Aun así, seguí autolesionándome hasta que la sangre comenzó a manar. No era mucha cantidad, pero la suficiente para animarme a seguir profundizando para alcanzar mi objetivo. Sostenía las cuchillas con firmeza, tanta que me lastimé también las yemas de los dedos. Más y más, según iba moviendo las cuchillas en perpendicular a mi muñeca.

Mientras lo hacía, hablaba con Dios. Le pedía perdón por lo que estaba haciendo; por no ser tan valiente como lo fue

Él cuando le clavaron en la cruz. Él soportó las torturas con estoicismo. Yo no soy tan fuerte. Posiblemente le estaba decepcionando. No esperaba que me comprendiera, sino que pudiera y supiera perdonarme.

No he podido. ¡Soy un cobarde, Dios! Lo tenía en mi mano. Terminar por fin con mi sufrimiento. ¡Acabar con esta situación! ¡Lo podría haber hecho! Un par de cortes más y *khalas*. Punto y final a los interrogatorios, a los golpes, a las humillaciones, a la espera y a la incertidumbre. Habría sentido el alivio que busco. No contaba, sin embargo, con mi conciencia. ¡Puta conciencia!

Pensé en ti, mi niña. Fuiste lo último que se me pasó por la cabeza. Tú, tú y tú, hermana. Cogí aquellos dos pedazos de metal y los lancé con rabia contra la esquina de mi celda. Empecé a golpearme en la cabeza con todas mis fuerzas para castigarme por lo que había estado a punto de hacer. He llegado hasta aquí, ¿no? Pues toca afrontar lo que venga. Por vosotros, pero también por todos los compañeros que jamás podrán volver a casa con sus familias. Si alguien les hubiese preguntado, habrían respondido con total seguridad que preferirían aguantar si al final del camino estaban los suyos. Por su memoria y por vosotros. Aquí sigo.

Los oigo hacer ruido en el pasillo. Están moviendo muebles y bolsas de plástico. Hace un rato han abierto la puerta del otro tipo y no la han vuelto a cerrar. Creo que ha llegado la hora, hermana.

Están abriendo el candado. Introducen la llave en la cerradura de la puerta. Se ha acabado. El pomo gira. Entra luz procedente del pasillo. Parado en la puerta, un hombre con atuendo yihadista clava sus ojos en los míos. Sostiene un cuchillo, similar al que me colocaron en el cuello. Ahora sí que sí… Hasta aquí he llegado, hermana.

Desde ahora seré yo quien te cuide a ti.

¡Te quiero!

5

WAIL

16 DE ENERO-7 DE MAYO DE 2016

16 DE ENERO DE 2016

Me miro las manos y aún tiemblan. Recuerdo la imagen del Hobbit con el cuchillo en la mano y su silueta recortada por la luz del pasillo... No puedo reprimir las lágrimas. ¡Son unos hijos de puta!

Espikinglish ha entrado en mi celda y me ha preguntado por qué siempre tengo tanto miedo. «Los hombres no se comportan así. Me das vergüenza», ha dicho antes de explicarme que sus compañeros me pegan porque me paso el día llorando y que, si dejase de hacerlo, me tratarían mucho mejor.

Después del sermón me ha puesto una capucha negra en la cabeza y unas esposas de metal. Me ha tomado del antebrazo y me ha sacado de la habitación. Por primera vez en meses he sentido el aire fresco, más bien frío, aunque no me ha importado en absoluto. Al contrario, lo he agradecido. He cerrado los ojos y he imaginado que estaba a miles de kilómetros de aquí. Trataba de sentirme libre. ¡Libertad! La palabra más maravillosa del mundo.

En realidad, estaba cagado de miedo. Me temblaba todo el cuerpo y el corazón me iba a mil por hora. ¡Cuántas veces he soñado con un momento así en los últimos días! Un traslado en la noche para llegar de madrugada a algún huerto de árboles frutales donde todo toque a su fin.

El trayecto en coche ha durado unos veinte minutos. Pensaba en vosotros, pero también en que, cuanto antes termine todo esto, mejor para todos. Yo dejaría de sufrir y vosotros en parte también, aunque obviamente la pena sería terrible. Fríamente quería acabar con esto lo antes posible. Alargarlo, no sé muy bien para qué, significaría seguir jodido, siendo humillado y vilipendiado. Prefiero algo rápido y limpio, si al final voy a acabar de la misma manera.

Al final, solo me han trasladado de prisión. No era necesaria tanta puesta en escena para moverme de un sitio a otro, pero son ellos los que tienen la sartén por el mango, y me aprietan y me aprietan hasta llevarme al límite. Me van a joder todo lo que puedan. ¡Son unos sádicos! ¡Les encanta!

El muecín de una mezquita cercana acaba de llamar a la oración, la primera del día. No deben de ser más de las seis de la mañana. Acaba de amanecer. Unos tímidos rayos de sol entran por un tragaluz que tengo sobre la puerta de mi nueva celda. Es la primera vez en tres meses que veo la luz natural. ¡Es tan gratificante después de tanto tiempo todo el santo día con una luz led!

La habitación es muy amplia. El suelo es de cemento, de color gris. En el centro de la celda han colocado una alfombra bastante grande y, sobre ella, un colchón de gomaespuma, dos mantas, dos cojines y una estufa. ¡Tengo una estufa! ¡Ya no pasaré frío por las noches! También hay un banco de piedra y bastantes armarios con puertas de madera en color blanco. He encontrado un cromo de Pokémon y lo he guardado de recuerdo. Quizá, antes que yo, habitó aquí una familia con niños.

Esta celda no tiene nada que ver con la anterior. Parece una cueva. Los techos son abovedados y las paredes están desconchadas y llenas de humedades. Como cuando uno mira las nubes buscando composiciones y formas, yo intento encontrar algo entre las manchas que el agua ha dejado en los muros. He visto una que se parece a Simba, el Rey León; otra, a una mujer sentada en un banco; algo parecido al elefante Dumbo, y una última de la reina egipcia Nefertiti.

Me gusta mi nuevo hogar. Supongo que llega un momento en que uno se ilusiona con cualquier cosa. Porque pienso fríamente y creo que este secuestro se va a alargar muchísimo tiempo. No tiene sentido trasladar a un reo para dejarlo en libertad a los pocos días. Si tuvieran esa intención, me habrían dejado en la otra casa.

Han colocado dos cámaras en la habitación. Una al lado de la puerta de madera y otra sobre mi cama. ¡Nuevamente, intimidad cero! En fin. Voy a tratar de dormir un poco aunque sea de día porque llevo toda la noche sin pegar ojo. ¡Estoy tan cansado!

Hoy, sin que sirva de precedente, te vuelvo a escribir. ¡Tengo tantísimas cosas que contarte que no quiero dejarlo para mañana! Además, como no tengo otra bola que rascar, de esta forma se me pasa el tiempo más deprisa.

Se acaban de marchar Espikinglish y el Tarao. Me han explicado detalladamente las normas. Lo primero, que no es nuevo pero han hecho mucho hincapié en ello, es que no puedo llamar a la puerta. Si necesito algo, solo tengo que pulsar el interruptor que han colocado en una de las paredes y, al parecer, ilumina una luz en el exterior. ¿Esto significa que ahora sí me van a hacer caso?

Me han traído un gorro de lana de color negro. No es que se hayan apiadado de mí o se les haya ablandado el corazón. Para que eso sucediera deberían tenerlo, y estos cabrones parece que nacieron sin él. El nuevo reglamento indica que, cada vez que entren en la habitación, además de girarme y mirar a la pared, me lo tengo que poner para taparme los ojos. Cuando vaya al baño, me tengo que cubrir toda la cara hasta los labios para no ver absolutamente nada. Por otro lado, debo realizar el recorrido caminando con el tronco hacia delante, formando con mi cuerpo un ángulo recto. Así, el Tarao tendrá a tiro mi nuca para darme todas las hostias que considere oportunas. Por si no lo entendía, y tras recalcarme en cinco ocasiones que tengo que hacer todo en absoluto silencio, me lo ha explicado de forma gráfica. «Al menor ruido te lo haremos pagar», ha dicho mientras cerraba el puño y simulaba golpearme en la cara con él. ¡Él siempre tan didáctico!

En el baño no puedo estar más de cinco minutos. Cuando termine, tengo que dejar la puerta entornada y ellos me dirán si puedo salir o no. Me parece todo muy raro. Creo que debe haber más gente en esta prisión, aunque he tratado de agudizar el oído y no he escuchado ruido de puertas, ni a otros presos ni nada. Creo que al otro tipo no lo han traído. No entiendo por qué es necesario tanto mutismo.

¡Por cierto! ¿Te acuerdas de que te dije que el logotipo que llevaba Espikinglish en el jersey con el que entró en mi celda el primer día me sonaba? ¡Ya sé de qué! Las dos espadas cruzadas y sobre ellas una palmera datilera son el símbolo de la Fundación de Beneficencia de Arabia Saudí. Lo vi en Alepo en varias ocasiones. Está también grabado en el gorro que me han dado esta mañana.

Cuídame, Aleja. Por favor.

Te quiero,

A.

17 DE ENERO DE 2016

—*Name… no Antonio. Name, Wail* —me ha dicho el Tarao nada más entrar a mi celda esta mañana.

Al principio no he entendido muy bien lo que trataba de decirme. El tipo chapurrea un poquito de inglés y he pensado que quería decir *white* («blanco») para referirse al color de mi camiseta interior. Pero, cuando me la he señalado, ha negado con la cabeza y me ha dicho: «*Anta Wail*» («tú Wail»). He pensado entonces que *wail* significaba gorro en árabe y que estaba mosqueado porque pensaba que podía ver a través de él cuando voy al baño, pero no.

—*Wail, Wail!* —me ha repetido mientras me miraba con odio y me daba golpecitos en el pecho con el dedo índice—. *No Antonio... Wail.*

—*Am I Wail?* («¿soy Wail?») —le he preguntado extrañado, sin entender muy bien a qué venía aquello.

—*Yes.*

¡Me han cambiado el nombre! Y no es un vacile.

—*Wail, yallah!* («¡Wail, vamos!») —me ha dicho mientras chasqueaba los dedos para orientarme hasta el aseo por la noche.

¡Genial! Lo último que les quedaba por robarme era la identidad.

«Me llamo Antonio, como mi abuelo. ¡No Wail, hijos de puta! ¡Ya está bien, joder!», he repetido el largo rato que he estado tumbado en el suelo, cubierto con las mantas y sin parar de llorar. ¡Que me dejen en paz de una maldita vez! ¡Estoy harto de ellos!

Como ves, aquí cada día hay una cosa nueva. Ayer me trasladaron de prisión; hoy me han rebautizado... ¿Qué será lo próximo? Estoy cada vez más cansado. Me miro las heridas del brazo izquierdo y me avergüenzo de lo que traté de hacer, pero al mismo tiempo siento no haber sido capaz de acabar con esto.

¿Que Antonio ya no existe más? ¿Que ahora soy Wail? ¡Ni de broma! Mi nombre es Antonio. Así me llamaron papá y mamá; así me conocéis y eso me une a vosotros. ¡A estos tipos ya les pueden dar mucho por el culo! Yo soy Antonio. Y punto.

Antes de dormir he cogido una página del cuaderno donde voy escribiendo este diario y he escrito en letras mayúsculas bien grandes *HURRIYA* («libertad»). Si en algún momento salgo de este agujero en el que estoy encerrado, me tatuaré la palabra «libertad» en la muñeca izquierda, justo sobre las marcas que me recordarán toda la vida la estupidez que cometí el otro día.

¿Sabes? *Hurriya* fue una de las primeras palabras que aprendí en árabe cuando comencé a cubrir la guerra de Siria. Era lo que cantaba la gente en las manifestaciones. Es una palabra que tiene un significado especial porque todo ser humano aspira a ser libre. A mí ahora me están negando esa posibilidad y no sé si conseguiré salir de aquí.

Añoro mi LIBERTAD. Me voy a dormir pensando en eso… En volver a ser LIBRE.

20 DE ENERO DE 2016

¿Te acuerdas de que te dije que pensaba que el tipo de la otra prisión no estaba conmigo? Pues me equivocaba. Esta tarde ha golpeado la puerta. Está en la habitación de al lado. No sé si ha perdido la cabeza, si está hasta los huevos como yo, si nadie le dijo que no se podía llamar o si simplemente se le ha olvidado… El caso es que ha llamado.

El Tarao ha entrado en su celda como un resorte y le ha empezado a pegar hostias sin parar mientras le gritaba. «¡No, no, no!», chillaba el otro para que dejase de golpearlo. El Tarao no se ha apiadado de él. He contado unos quince o veinte golpes. Y, por el sonido, parecía que lo hacía con bastante saña. En mi opinión, es un castigo excesivo por llamar a la puerta… Pero ¡cualquiera se lo dice!

Después de que se fuera dando un portazo, he escuchado a mi compañero de prisión gemir de dolor durante largo rato hasta que, finalmente, se ha quedado todo en silencio. ¿Quién será? Es la pregunta que me he hecho todo este tiempo. ¿Será el periodista japonés que desapareció unos días antes de que nos secuestraran a nosotros? No, no creo. Cuando le torturaron después de tratar de escapar, el tipo gritaba en árabe. Cuando a mí me pegan, les grito en español, que es mi idioma materno.

Entonces ¿será un *shabiha* (los mercenarios del régimen de Assad), un soldado sirio o un miliciano de Hezbolá? Me extrañaría. ¿Para qué les serviría tenerlo tanto tiempo encerrado? Si no les resultara útil, si no pudieran sacar ningún rédito, esta gente le habría pegado un tiro en la nuca hace tiempo. No se andan con chiquitas. ¿Usama, tal vez? ¿Cinco meses alimentando a un sirio? Lo dudo mucho.

No tengo ni idea, pero me tiene intrigado. Al tipo de vez en cuando le cae alguna hostia, pero, al mismo tiempo, tiene una televisión en la celda. ¡Sí, una televisión! Lo sé porque, como estamos pared con pared, por las noches, cuando encienden el generador, escucho las películas que ve. Están en inglés. Ayer fue *Master and Commander*; lo sé por la banda sonora y porque esa película ¡me encanta! Hoy ha visto *Indiana Jones y la última cruzada*.

¡Ya me gustaría a mí tener un televisor en mi celda! ¡Poder ver una película cada noche y desconectar de esta mierda aunque sea durante un par de horas! No sé quién será, pero tiene unos privilegios que ya los quisiera para mí.

El tipo no emite ni un solo sonido, a excepción de una fuerte tos crónica. Tose todo el rato. Quizá esté enfermo. Por lo demás, es como si no estuviese.

Me he sentado lo más cerca posible de la pared y le he hablado en español. Si es occidental, quizá reconozca mi idioma o incluso hasta lo hable.

—Me llamo Antonio Pampliega. Soy un periodista español. Llevo medio año secuestrado. Vine a cubrir la situación en la ciudad de Alepo junto con otros dos compañeros, de los que no sé absolutamente nada desde hace tres meses. No sé si me entiendes o hablas mi idioma, pero, si es así, quiero que sepas que estoy aquí, al otro lado de esta pared. ¡Aguanta, por favor, aguanta!

Llevo tres días repitiéndole este mismo mensaje cada mañana. Después de rezar, me apoyo en la pared y hablo con él. Estos tipos no sospechan absolutamente nada. Como todas las mañanas hablo con Dios en español, pues piensan que sigo haciendo lo mismo cuando no es así.

No he recibido respuesta. No sé si no me entiende, no me escucha o prefiere no responderme por miedo a posibles represalias. Lo cierto es que, por su parte, solo recibo silencio.

Llevo doscientos días secuestrado. Más de medio año. Los compañeros que cayeron en manos del Estado Islámico volvieron a casa a los seis meses. ¿Estaré cerca de que se acabe esto? ¡Ojalá!

22 DE ENERO DE 2016

ANA LEISA CALP («no soy un perro»). Así, en mayúsculas. Eso es lo que se puede ver y leer nada más entrar en la celda. He colgado ese mensaje en uno de los múltiples clavos que hay en las paredes, justo al lado de la palabra *hurriya.* Lo escribí ayer por la noche, a modo de desahogo. Es mi forma de protestar, de decirles que no me voy a rendir por mucho que lo intenten.

Estoy harto de que me traten como a un animal. Me llaman mediante palmaditas con las manos, me cubren la cara con un bozal, me sacan a pasear en las horas marcadas del día, me dan de comer las sobras, me «educan» a golpes... En la pedagogía de los premios y castigos, aquí nunca hay suerte. Creo que a un perro lo tratarían mejor que a mí. Muchísimo mejor. Y además, los escucho mofarse de mí cada vez que pueden... ¡Hasta aquí hemos llegado!

Ese papel a buen seguro que me traerá consecuencias negativas, pero me empieza a importar todo una mierda. No tengo otra manera de encararme ni de defenderme. De alguna forma quiero enfrentarme a ellos. Ya está bien de agachar la cabeza todo el rato. Papá y mamá me educaron, como lo hicieron con vosotros, para que luchara y no me dejara pisotear por nadie. Eso es lo que hice ayer.

Al abrir la puerta esta mañana, el Tarao se ha quedado mirando el cartel. No le ha hecho ninguna gracia la nueva decoración de la celda. Me ha fulminado con la mirada y me ha sacado de la habitación a empujones. En el camino de vuelta, me ha golpeado varias veces en la cabeza y me ha tirado una botella de agua. Estaba bastante mosqueado y eso me ha satisfecho enormemente. ¡No te puedes ni imaginar la sonrisa que se me ha dibujado en los labios! Me he tenido que contener para no señalarle y descojonarme en su cara.

Por la noche, junto con el Tarao ha entrado Espikinglish. Han mirado el letrero y han comentado algo en árabe que no he llegado a comprender. El primero me ha tirado el plato de comida al suelo y se ha marchado dando un portazo de muy malas maneras. Me he quedado a solas con el otro.

—Está muy enfadado contigo. Quería golpearte, pero le he dicho que de momento no porque quiero hablar contigo para que me expliques qué significa esto —me ha dicho.

¿Quiere un croquis? Creo que es más que evidente lo que quiero decir. ¡No sé cómo puede sorprenderles teniendo en cuenta que soy su puto perro! En cualquier caso, le he explicado mi situación y lo saturado que estoy de gritos, malos tratos, etc. Su respuesta ha sido: «Bueno, pero estás vivo, así que no tienes de qué quejarte. Esto es un secuestro, no son unas vacaciones».

No me estoy quejando. Simplemente expongo mis sentimientos. Si les jode, que les den a todos por culo.

—Eres un desagradecido —me ha dicho y ha arrancado el papel de la pared, lo ha arrugado y me lo ha tirado a la cara.

Cuando ha cerrado la puerta, lo he recogido del suelo y lo he vuelto a colocar donde estaba. Creo que he conseguido cabrearlos. Esta ha sido mi primera victoria sobre estos gilipollas.

23 DE ENERO DE 2016

¡Qué poco dura la alegría en casa del pobre! Si ayer fui yo quien se llevó la partida, hoy me la han devuelto con creces. Pensé que iba a tener más tiempo para saborear mi pequeño triunfo, pero no me han dejado ni veinticuatro horas para disfrutarlo.

Hoy tocaba baño y, como siempre, tenía toda la ropa preparada para cambiarme y lavar la que llevo puesta, que apesta a sudor.

Desde que me dijeron que no voy a poder sacar los legajos fuera de Siria, hacer la colada se ha convertido en toda una obra de ingeniería. Tengo que trasladar los papeles de un pantalón a otro. Los bolsillos del pantalón negro son más pequeños que los del vaquero, por lo que están mucho más abultados. No me extrañaría que los acabasen descubriendo.

Además, de estar guardados en los bolsillos, algunos se han empezado a romper, sobre todo los de los bolsillos traseros. También hay partes que son ilegibles por culpa del roce. Pero, aun así, los continúo escondiendo con la esperanza de poder llevármelos todos a España.

El Tarao ha entrado a matar. ¡Si es que soy tonto de remate! El tipo busca cualquier excusa para darme de hostias y voy yo y se lo sirvo en bandeja de plata. ¡Normal que haya aprovechado la oportunidad para cebarse conmigo!

Ha venido a buscarme por la mañana temprano. Me ha ordenado que coja todas mis cosas para ir a ducharme y ha salido de la habitación dejando la puerta completamente abierta.

Con mis cosas en la mano, he esperado pacientemente en una esquina, al lado de la puerta, a que viniese a buscarme. Habrán pasado cinco o diez minutos —no sé muy bien cómo medir el tiempo— y no ha hecho acto de presencia. *Motu proprio* he salido de la habitación. Lo he hecho como marcan las normas. Con el gorro puesto. Podía ver por una rendija. Así he salvado el escalón que hay para llegar al baño.

Allí estaba el tipo esperándome.

—¿Por qué no te has tapado los ojos?

—Si no me guías, como haces siempre, no puedo caminar a ciegas porque me caeré al suelo.

—¿Te he dado orden de salir de la habitación?

—Estaba esperando a que vinieras a buscarme... —¡Zas! Me ha interrumpido de un golpe en la cabeza para que entrase al baño.

—Ahora hablamos... —me ha dicho. Me ha empujado y ha cerrado el aseo con llave.

Me he tomado mi tiempo. Aunque era la primera vez que hacía eso, sabía lo que me esperaba de regreso a la celda, así que he tratado de demorarlo lo máximo posible. Como hago cada noche antes de dormir o al despertarme, he besado el *tasbih* de madera que llevo colgado del cuello. Lo he apretado con fuerza y he pedido a mamá y a Dios que me protejan.

He recorrido en tiempo récord los treinta pasos que separan el servicio de mi habitación. El Tarao tiraba de mi brazo con muchísima fuerza. Al llegar, ha cerrado la puerta y no me ha dado tiempo ni a quitarme el gorro. Me ha soltado un puñetazo en la boca del estómago que me ha dejado doblado y sin respiración.

—¿Te he dicho que salieras de la celda? ¿Te he ordenado que fueras al baño? —me gritaba en una mezcla de inglés y árabe.

Sin levantar el tono y sumiso como un cordero que va al matadero, le he dicho que ha dejado la puerta abierta y que, como no venía a buscarme, he salido para ir al baño, y que no he visto absolutamente nada porque iba mirando al suelo.

Aquí no hay explicación que valga. Me ha dado dos puñetazos más en el estómago. Los he encajado con la mayor dignidad posible. ¡Y mira que es difícil! He conseguido no romper a llorar y mantener la compostura. Creo que eso le ha cabreado aún más.

—No vas a volver nunca a España. Y seré yo el que te corte la cabeza —ha dicho mientras arrancaba los carteles colgados en la pared y los rompía en mil pedazos.

Hoy no me han traído ni comida ni cena. Tampoco me han vuelto a abrir la puerta para ir al baño una segunda vez.

Me he pasado todo el día tumbado en el suelo de cemento, tapado hasta arriba con mis dos mantas y llorando sin parar. El frío me entumecía la espalda y los huesos, pero me ha dado absolutamente igual. Me he tirado a morir al suelo.

Apretaba con fuerza el *tasbih* mientras hablaba con Dios. Le he pedido que por favor me ayude. Es la primera vez, desde que hablo con Él, que necesito su ayuda. Le he pedido por mí y no por vosotros, como habitualmente hago.

¡Seis meses! ¡Seis meses secuestrado! ¿Cuándo se va a acabar esto? ¿Dónde está mi Gobierno? ¿Por qué nadie me ayuda? Intento consolarme pensando que Javier Espinosa, Marc Marginedas y Ricardo García Vilanova volvieron a casa a los seis meses… Soy un puto *free lance* y nadie se preocupa por mí. ¿Qué sería de mí sin vosotros, hermana? Te quiero y te echo muchísimo de menos.

30 DE ENERO DE 2016

Llevo unos días que no me reconozco, Aleja. ¡Ya no sé ni quién soy! Me paso el día entero a lágrima viva en el suelo de la celda. Me aferro a uno de los cojines y lo aprieto con todas mis fuerzas. Cada vez que abren, tiemblo de miedo. No sé a qué vienen. Por norma general aparecen dos veces al día. Si son más veces... ¡malo! Eso quiere decir que me van a calentar.

Desde hace una semana el Tarao se está ensañando conmigo. Me golpea sin parar, me tira cosas a la cabeza, me da patadas e incluso he encontrado manojos de pelo mezclados con la comida. No me extrañaría que antes de entregármela escupiera sobre ella. Al parecer, decirle que no soy un perro le ha ofendido mucho. Para colmo, me acaba de decir que no me van a dar más cuadernos ni bolígrafos.

Por la mañana, cuando se cierra la puerta del preso de al lado y le escucho caminar hacia mi cuarto, tirito de pavor. Así, llorando sin parar estaba hoy cuando he oído la llave en la cerradura. No sé si estaba dormido o despierto, pero he comenzado a repetir en voz alta: «Quiero ser un niño pequeño. Quiero ser un niño pequeño. Quiero ser un niño pequeño». He perdido la cabeza por completo.

Me he visualizado en casa, en Mejorada, esperando el autobús para ir al colegio. Tenía unos seis años. Estaba en primero de EGB. Llovía mucho, pero era inmensamente feliz. Tenía una cartera azul y roja. En su interior, llevaba un kiwi para mi profesora. ¡Mayte! ¡Me acuerdo de su nombre, y eso que han pasado veintiocho años!

El Tarao ha abierto la puerta. He querido levantarme cuando me ha llamado chasqueando los dedos, pero he sido incapaz. Tenía todo el cuerpo agarrotado. Se ha acercado y ha comenzado a chillarme para que me levantase… Y nada. Como lloraba y hablaba en español al mismo tiempo, ha debido pensar que lo insultaba y ha empezado a pegarme patadas en los pies y en las piernas. Y ni aun así me he movido del suelo. Se ha debido asustar porque ha ido a buscar a Espikinglish y al Hobbit. Me han echado agua por la cara y me han dado golpes en las mejillas hasta que he logrado recuperar la conciencia.

Les he empezado a hablar en mi idioma diciéndoles que me quiero ir a casa y que quiero ir al colegio. Podrían haber pensado que los estaba vacilando o que todo era una treta para tratar de huir, pero han debido ver algo en mí que les ha hecho considerar otra cosa.

Me han dejado la comida, una botella de agua y un par de aspirinas para el dolor de cabeza.

¿Qué me está pasando, hermana? ¿Por qué me estoy comportando de esta manera? ¡Yo no soy así! ¡Quiero ser fuerte! ¡Quiero aguantar y aguantar! ¡Yo no quiero volver así a casa! ¡No, no! Yo quiero ser una persona normal y no un ser triste. Yo quiero volver a ser feliz. Pero, sobre todo, quiero volver a ser la persona que fui.

Me he mirado en el reverso del plato de comida. Los pelos largos, la barba, las ojeras, la cara de cansado, arrugas... ¡Este es Wail! Antonio ya no existe.

10 DE FEBRERO DE 2016

¡Con una espada! ¡Han entrado en mi celda con una espada! Llevaba varios días bastante tranquilo sin que me tocasen mucho los cojones. Pero está visto que no, que no tienen intención de dejarme en paz y van a joderme todo lo que esté en sus manos. Y yo, obviamente, no tengo otra que agachar la cabeza y aguantar y aguantar porque así te lo he prometido. Pero bien sabe Dios que me dan ganas de echar a correr y tratar de escapar o liarme a golpes contra ellos y que sea lo que Dios quiera porque, de perdidos, al río.

El Tarao y el Hobbit han entrado de repente en mi habitación a la hora de comer. Han chasqueado los dedos para que me quite el gorro... Yo pensaba que era para ir al baño, como siempre, pero no. Tenían otros planes.

El Hobbit estaba parado en la entrada. La luz de la calle le recortaba la silueta. Mis ojos se han ido rápidamente a la espada que sostenía. Le llegaba hasta los pies; no es complicado porque el tipo no levanta un palmo del suelo. Pero, aun así, con esa imagen se me ha hecho un nudo en la garganta. El Tarao estaba en cuclillas delante de mí. Creo que ese malnacido sonreía, pero no lo puedo asegurar porque solo he podido verle esos ojos llenos de odio que tiene.

Me han ordenado que coloque el brazo derecho sobre el banco de piedra. He notado el filo de la espada en mi muñeca. ¡Joder, pensé que me la iban a cortar!

—Si sigues llorando, te cortaremos la mano, ¿entiendes? Los hombres no lloran. ¡No eres un hombre! —me gritaba mientras el Hobbit se reía para, finalmente, darme una colleja.

¡Dios, qué asco le tengo! ¡Ufffff!

Hace unos días me gritaba porque estaba todo el día tumbado en la cama. ¿Qué demonios quiere que haga? Estoy veintitrés horas y cincuenta minutos metido en esta habitación de mierda y todavía me dice que me paso el día tumbado.

El otro día para cenar me trajo un tomate y unas rodajas de mortadela. ¡A mí, que no he comido mortadela en mi vida! Pues, claro está, a la mañana siguiente se la devolví intacta y le dije que no me gusta. ¡Y va y me suelta una hostia! «¡Tirar la comida es un pecado!» ¿Y tener a un tipo secuestrado no? ¡Hipócrita!

Ahora que solo nos separa una puerta los puedo escuchar rezar todos los días. Él es quien lleva la oración. Quien despierta a sus compañeros de madrugada para que recen. Quien lee el Corán en voz alta los viernes —día festivo para los musulmanes—. Lleva la cabeza al suelo cinco veces al día. Es el más religioso y, a la vez, el más intolerante de los cuatro tipos que me custodian. Es quien me niega siempre la mano porque soy cristiano, quien me mira como si me perdonara la vida. ¿Qué les enseñan en ese libro para convertirlos en semejantes hijos de puta? Al final va a conseguir que odie a todos los musulmanes y que me vuelva racista. ¡Malnacido! Es una pena que no le caiga encima una bomba y le convierta en un kebab.

19 DE FEBRERO DE 2016

Espikinglish ha venido a visitarme esta noche con otro hombre al que no había visto antes. Más o menos de mi estatura, ojos marrones, orondo y, como siempre, la cara oculta, pero en esta ocasión por un pañuelo ajedrezado de color blanco y negro. Vamos, con lo que en España se conoce por palestino.

Me echo a temblar cada vez que un nuevo personaje entra en escena, pero esta nueva «estrella invitada» no ha abierto la boca. Se ha sentado en el banco de piedra y se ha limitado a escuchar en silencio nuestra conversación.

—¿Tus amigos son buenas personas? —me ha preguntado a bocajarro Espikinglish.

Llevo cuatro meses custodiado por estos cabrones y ahora me preguntan por mis amigos. ¿A cuento de qué?

—Sí, son excelentes personas y grandes profesionales que han venido a Siria para narrar la tragedia que vive el pueblo sirio… —Y blablablá. Vamos, lo mismo que les he contado una docena de veces a lo largo del tiempo que llevo aquí.

—¿Cuántos periodistas han sido decapitados en Siria por Dáesh?

Mi mosqueo ha ido en aumento. ¿Qué sería lo siguiente? ¿Hemos vendido a tus amigos al Estado Islámico y a ti te espera la misma suerte?

—Hasta donde yo sé, han sido asesinados tres periodistas. Dos norteamericanos y un japonés.

—¡Es verdad, un japonés! ¿Y Al Qaeda ha matado a alguno?

—Que yo sepa no. De momento no. Al Qaeda no ha matado periodistas en Siria, pero sí en Irak, Afganistán y Pakistán.

—¿Y cuántos han sido secuestrados? —insiste.

—¡Ya está bien! ¿Por qué me preguntas todo esto? ¿Qué demonios quieres saber? —le he espetado, harto de esta conversación absurda.

—Nada, no quiero saber absolutamente nada. Es solo curiosidad. Dáesh ha decapitado a otros dos periodistas extranjeros. Quería hablar contigo y preguntarte por si tenías más información. Pero ya veo que no. Así que te dejo en paz.

Se han ido los dos. Calculo que habrán sido veinte minutos de charla. Me quedo preocupado y desconcertado.

¿Dos periodistas occidentales asesinados por Estado Islámico? ¿Habrán vendido a mis colegas? ¿Por qué? ¿Habrán tratado de escapar o los habrán capturado en algún traslado? Si están con los otros, ha tenido que ser por eso porque no cabe otra explicación. En cualquier caso... ¡Ojalá que solo lo hayan dicho para tocarme las narices y meterme miedo, nada más! ¡Ojalá mis dos amigos estén sanos y salvos y en casa! Esto lo veo más difícil. Pero, por favor, ¡que estén bien, que estén bien, que estén bien! ¡Que no les haya pasado nada!

¿Sabes? Hoy tenía pensado escribirte en este diario para decirte que llevo veintiún días sin ducharme. Desde hace tres viernes, no me dejan asearme ni cambiarme de ropa. ¡Doy asco! Sin embargo, después de esta conversación, lo de no haberme bañado me parece superfluo. ¡Por favor, que mis amigos estén bien! ¡Por favor!

23 DE FEBRERO DE 2016

—Este es uno de nuestros líderes —me ha dicho Espikinglish cuando ha entrado en mi celda acompañado del hombre obeso del otro día. El tipo, esta vez sí, me ha estrechado la mano con fuerza y se ha llevado la mano al corazón para saludarme. Me han pedido permiso para sentarse sobre mi colchón. ¡El líder y el secuestrador pidiendo permiso al rehén! En fin...

Amado Líder, como le he bautizado, se ha interesado por mi estado de salud y por mi situación. Me ha prometido que me traerá libros y, por más que le he insistido en que nada de libros religiosos, me ha dicho que hará lo que pueda, pero que no estaría mal que leyese el Corán por si me quiero convertir a la religión verdadera. ¡Dios, qué obsesión! ¡Todos igual! Le he contestado que con un diccionario también sería inmensamente feliz.

El tipo habla muy poquito inglés y Espikinglish le ha hecho de traductor. Me ha preguntado qué piensan en España sobre los musulmanes y sobre Al Qaeda. Se ha interesado por mi opinión personal por el grupo otrora liderado por Osama Bin Laden. He intentado ser políticamente correcto porque no se me olvida en manos de quién estoy. Le he dicho que Al Qaeda es un grupo terrorista porque asesina civiles, como ocurrió en Estados Unidos, Madrid o Londres, y que deberían luchar contra soldados y no matar gente inocente.

—El Corán dice: «Ojo por ojo y diente por diente». Los occidentales venís a los países musulmanes a matar a nuestros hijos y a nuestras mujeres. Usáis vuestros aviones para bombardearnos. Sois unos cobardes. ¿Pensáis, de verdad, que vuestras acciones no tendrán consecuencias? Vosotros venís aquí y nosotros vamos allí. No somos nosotros los que empezamos esta guerra. Fueron Estados Unidos, Israel y sus países aliados quienes atacaron Afganistán e Irak. Vosotros sois los terroristas, no nosotros —me ha dicho mientras gesticulaba con las manos para hacerse entender. Aun así, Espikinglish ha traducido sus palabras. Pero no hacía falta; estaba bastante claro lo que decía.

Amado Líder ha continuado con su disertación sobre la guerra y la injerencia de Occidente en Oriente Medio. Lo peor de todo es que creo que tiene razón. Fue Occidente, por su ambición y su codicia, quien desestabilizó esta zona hace años creando un escenario propicio para la aparición de grupos como Al Qaeda o Dáesh, que basan su fuerza en el odio y en la venganza. Como siempre, nosotros creamos el monstruo, lo alimentamos y lo dejamos vagar por el mundo hasta que perdemos el control sobre él.

—¿Eres español? —me ha preguntado. He afirmado con la cabeza—. Tu Gobierno ha asesinado musulmanes en Afganistán e Irak. Eres cómplice de lo que ha ocurrido aquí. —Le he tratado de explicar que yo vengo a Oriente Medio a denunciar lo que ocurre y que me posiciono junto a los más débiles, los civiles—. No. Tú eres cómplice igual que el resto de los ciudadanos de tu país. Tú, con tus impuestos, haces posible que tu Gobierno envíe tropas a los países musulmanes para matarnos. ¡Eres tan asesino como tus políticos!

El tipo se ha encendido y ha empezado a justificar los atentados de Madrid y el de hace un mes en París.

—Os lo merecéis por asesinar a nuestros hijos, pero ahora lloráis porque os pagamos con la misma moneda. Es cierto que el camino no debería ser asesinar a inocentes, pero no tenemos otro vehículo que castigar a aquellos que permiten que sus gobernantes maten a nuestros hijos —ha sentenciado.

Lo he observado en silencio. Lo estudiaba. No debe de tener más de treinta años. En un momento dado le he podido ver el rostro porque se le ha caído el pañuelo. Pelo rubio, nariz regordeta, ojeras, barba espesa al estilo yihadista, esto es, con el bigote rasurado... Su cara es afable, aunque será un hijo de puta como los otros.

—Tu Gobierno ha asesinado a nuestros hermanos en Afganistán y en Irak. Ahora tu vida está en manos de nuestro jeque. Será él quien decida si debes vivir o si, por el contrario, debemos castigarte por todas las vidas de musulmanes que habéis quitado.

—Esa ha sido la aportación estelar de Espikinglish a la conversación. El tipo, como siempre, muy amistoso y tratando de quitar hierro al asunto. ¡Menudo cabronazo!

—Además, eres espía y trabajas para tu Gobierno —ha añadido—. Sabes lo que hacemos aquí con los espías, ¿verdad? —me ha dicho llevándose el pulgar al cuello y simulando un degollamiento. ¡Genial!

La casa está en silencio. Hace ya un buen rato que se han ido. El generador se ha apagado y todo ha quedado a oscuras. La luz led me alumbra lo suficiente para saber qué demonios estoy escribiendo en este diario. Me gusta escribir por las noches porque es más íntimo y puedo reflexionar sin sobresalto alguno mientras estos tipos duermen. Me gusta mucho el silencio. Lo disfruto sobremanera. Suelo estar una media hora pasando las cuentas del *tasbih* mientras pienso en todos vosotros. De vez en cuando me miro el brazo izquierdo, donde tengo las marcas. Se ha hecho una costra. Espero que no se note mucho la cicatriz.

Pienso sobre lo que traté de hacer y ¡me arrepiento muchísimo, hermana! Me siento como un imbécil. Tomé el camino fácil o, al menos, traté de hacerlo. Siempre he intentado escapar de todo, ¡siempre! Sin embargo, es la primera vez en mi vida que he intentado algo así. Aquí, en esta celda, convivo cada vez más de cerca con las cuestiones que me persiguen. Intento gestionarlas lo mejor que puedo. Pero, en muchas ocasiones, me siento abrumado y, sobre todo, me siento solo. Sé que no me habéis abandonado. Sé, porque os siento, que estáis ahí para ayudarme y para apoyarme. Para darme ese aliento que de vez en cuando me falta. Si sigo es por vosotros y por tantas personas que me quieren. Por vosotros aguanto. Por vosotros aguantaré.

Pienso mucho en Jim. En su gesto antes de ser asesinado a sangre fría. Envidio esa dignidad. Esa entereza es la que me gustaría tener si me llega mi turno. Me he imaginado muchas veces en su lugar. ¡Dignidad, dignidad y dignidad!

En multitud de ocasiones no me reconozco. No sé quién soy. He perdido la cabeza muchísimas veces y sé que la seguiré perdiendo. Mis paranoias me juegan muy malas pasadas y me llevan a límites insospechados. Estoy tratando de trabajar sobre ello. Intento mantener la calma y la cabeza fría. Trato de ser más racional y menos temperamental. Me cuesta; no es sencillo. Pero me siento muy orgulloso de no haber suplicado ni pedido clemencia cuando han entrado con espadas o cuchillos o cuando me pegan o insultan. Resistencia.

Cierro los ojos y me como mi rabia y mi odio. Espero que nunca se me olvide la lección que aquí he aprendido. Puede sonar cínico, pero creo que la mano de hostias me ha venido de maravilla para abrirme los ojos y darme cuenta de muchísimas cosas.

Sé que estás ahí, Aleja. Te siento… Un día menos… para lo que sea.

24 DE FEBRERO DE 2016

¡He vuelto a grabar un vídeo! Espikinglish y Amado Líder han entrado esta noche en mi celda, después de la cena. Me han dado un folio manuscrito. En esta ocasión no lo podía leer. Me han dado media hora para memorizarlo.

No me ha costado mucho porque básicamente era igual que el que leí el 22 de diciembre, aunque con un matiz muy importante. ¡Ya no ponía que soy espía! Esa parte la han suprimido. Es una buena señal, ¿no? Espero que hayan entrado en razón de una vez y se hayan dado cuenta de que no soy lo que ellos piensan.

Me han colocado de rodillas en el suelo delante de una de las paredes con más humedades. Entre el fondo, la escasa luz y mi aspecto desaliñado, el resultado debe ser bastante lúgubre y tétrico. Imagino que es la puesta en escena que buscaban.

Espikinglish sujetaba la cámara y Amado Líder, la linterna. Por cierto, no he vuelto a saber nada del tipo que me interrogó hace meses. ¿Qué habrá sido de él? ¿Lo habrán despedido? (Risas.) Me río por no llorar y por quitarle hierro a toda esta situación.

Después del rodaje, Amado Líder me ha dicho que voy a volver a casa en unas semanas. Que estoy muy, muy cerca. No me lo creo. La primera vez que oí eso mismo fue cuando Gazpacho nos trasladó hasta aquel garaje abandonado. Prometió que en tres días o una semana estaríamos de nuevo en España. No me fío de ninguno de ellos. Y menos hoy, después de participar como actor principal en un filme en el que se nos amenaza de muerte.

Ahora que vuelvo a estar solo en mi celda, analizo la situación con detenimiento. ¿Quiénes demonios son estos tipos y por qué me han hecho repetir el mismo texto que la vez anterior? ¿Piensan que así alguien los tomará en serio? ¡Por Dios! Creo que son unos patanes o que nadie les hace ni puto caso. Esto es malo para nosotros porque, si no consiguen lo que quieren por un lado, lo buscarán por otros medios. De eso no me cabe ninguna duda. Sigo sin ir de naranja, y eso es una buena señal, o por lo menos así lo creo.

En el texto aparecían mencionados mis dos amigos con sus nombres y apellidos. No sé si tiene algo que ver con lo que me confesó hace unos días Espikinglish sobre los dos periodistas recientemente asesinados por el Estado Islámico. Quizá se los han cargado y a mí me ha tocado leer la amenaza. No sé. Pienso, pienso, pienso, y sé que no es bueno.

He decidido escribirles una carta para saber cómo están. Hace dos meses que no sé nada de ellos. Y nadie me dice nada. Mañana se la entregaré al Tarao para que se la haga llegar. Ojalá tenga una pronta respuesta. ¿Qué me deparará el futuro?

25 DE FEBRERO DE 2016

—Eres una buena persona y no te volveremos a pegar —es lo primero que me ha dicho Amado Líder nada más entrar en mi celda esta misma noche. ¡Así! Sin más y sin venir a cuento. Se me han empezado a caer las lágrimas. No sé si de alegría, de miedo o por la tensión acumulada estos últimos meses. Pero lo cierto es que me he puesto a llorar como una Magdalena.

Lo he abrazado. Sí, Aleja, le he dado un abrazo a uno de los hijos de puta que me tienen secuestrado. ¡Me ha salido así! ¡Lo necesitaba! ¡Necesitaba un abrazo! El último que recibí me lo dio papá el 8 de julio de 2015 cuando se despidió de mí en el aeropuerto de Barajas antes de partir a Turquía. El día de su cumpleaños. ¡Hace tanto, tanto tiempo…!

Después de meses de sentirme como un perro, esto me ha devuelto la esperanza. Ha sido solo un abrazo. ¡Lo sé! Pero ha sido muy reconfortante. Han sido unos segundos que me han servido de consuelo.

¡Me siento tan solo! Vosotros estáis, pero no sois tangibles. Y cuando busco una palabra de ánimo, un gesto de cariño, una palabra de aliento o un abrazo, no podéis dármelo. Por eso he hecho lo que he hecho.

No, no tengo síndrome de Estocolmo. Sé muy bien en qué posición estoy y que la persona a la que he abrazado esta noche mañana mismo puede ordenar que me ejecuten o que me vendan al mejor postor por un puñado de dólares. No he perdido la cabeza. No dejan de ser unos auténticos hijos de puta todos ellos, incluido Amado Líder, quien, por cierto, ¡hoy me ha dado un bollo de chocolate!, de esos industriales. Lo he guardado para una ocasión especial. ¡Ojalá no lo tenga que abrir porque eso significará que estoy en casa, con vosotros!

En otro orden de cosas, esta mañana entregué la carta para mis dos amigos al Tarao. Lo de este ser es increíble. No habla ni papa de inglés y es incapaz de entenderlo, pero aun así la ha abierto y ha querido que le explique qué había escrito.

> Queridos amigos:
>
> Hace dos meses que no sé nada de vosotros y estoy muy preocupado. Yo estoy bien. Aguantando y esperando volver a casa. Espero que estéis bien y que el trato esté siendo bueno. Ojalá nos podamos ver pronto.
>
> Un abrazo,
>
> A.

Parece que ha quedado satisfecho. La ha vuelto a doblar y se la ha guardado en el bolsillo del pantalón. Me ha dicho que mis amigos están bien, pero que están muy lejos, por lo que tardarán varios días en hacérsela llegar. Se la entregarán y me trasladarán la respuesta cuando la haya. ¡Ojalá sea cierto!

28 DE FEBRERO DE 2016

—Para ti —me ha dicho esta mañana el Tarao, y me ha entregado dos pliegos de folios guardados en sendas carpetas de plástico transparente.

Son las suras 3 y 5 del Corán. He sacado las páginas con sumo cuidado porque no quería que se arrugasen o se manchasen. Están escritas en árabe y en inglés. He colocado la yema del dedo índice sobre el texto para comenzar a leer.

—Si tocas el texto, te pegaré.

—¿Perdona?

—Te he dicho que, si tocas el texto en árabe, te voy a pegar. *Anta Kufar!* («eres un infiel»).

Entonces ¿por qué demonios me da esto? La verdad es que no entiendo a este tipo. Me trae su puto libro sin que yo se lo haya pedido, y me dice que si toco el texto encima me calza una hostia. ¡Es increíble! Uno ya no sabe cómo acertar con este capullo. Cansado de sus amenazas, he vuelto a guardar las hojas en sus correspondientes carpetas y se las he devuelto.

—No, no… Son para ti.

Le he dicho que no quiero que me pegue y que no tengo intención de leerlo. ¡Puto Tarao! ¡Descerebrado!

—*Waahed dakika. Mutargin* («Un minuto. Traductor»).

Desde la puerta de la celda ha pegado una voz. A los pocos minutos ha aparecido Espikinglish. Ha debido interrumpirle la comida porque ha llegado masticando bajo el verdugo negro.

—¿Qué te ocurre?

—A mí nada. Tu amigo dice que, si toco el texto en árabe, me va a pegar. No entiendo por qué quiere que lo lea si me va a castigar por ello.

—Eres cristiano, ¿verdad?

—Sí, ya lo sabes. Te lo dije el primer día.

—Bien. Los cristianos sois impuros y no podéis tocar el texto en árabe. Si tocas el texto, te va a pegar, te lo garantizo. Te va a vigilar por las cámaras, así que yo haría lo que te ha dicho.

No entiendo absolutamente nada. Nada de nada. Ahora no sé si me da más miedo leerlo o no leerlo. Porque lo mismo se ofenden si no lo leo y me curten también.

Le he echado un vistazo rápido y he encontrado cosas interesantes. Me tomaré mi tiempo y lo leeré con calma. Creo que me va a gustar descubrir cosas sobre esta gente. ¿Nacen fanáticos o el libro los vuelve así? Espero encontrar la respuesta aquí.

1 DE MARZO DE 2016

—¿Has leído los textos que te hemos dejado? —me ha preguntado Espikinglish. He asentido con la cabeza. Se ha mostrado bastante satisfecho—. Bien, bien… ¿y te gusta?

Nuevamente he asentido. ¡Cualquiera se atreve a decirle otra cosa! Sin embargo, no he mentido. Realmente me está gustando y me resulta vital para comprender su radicalidad. Al profundizar, estoy entendiendo por qué actúan como lo hacen. A ellos les encanta que esté absorto en sus lecturas. ¡Hasta el Tarao parece más amable!

Me parece que piensan que me voy a acabar convirtiendo al islam, y nada más lejos de mi intención. Me acabo de reconciliar con mi Dios, ¡como para dejarle tirado por esta panda! ¡Ni se me ha pasado por la cabeza! Aunque sé que mi situación podría mejorar, no les voy a dar esa satisfacción ni me voy a traicionar a mí mismo.

Después de la pregunta de rigor, me han dado la comida. ¡Ya no son aceitunas! Hoy me han traído una tortilla francesa. Parece que las cosas sí han cambiado un poco desde la intervención de Amado Líder. ¡Ojalá dure!

Espikinglish ha venido con su propio Corán y se ha sentado conmigo para que hablemos sobre religión. Últimamente me visita siempre que puede, y yo se lo agradezco porque me aburro como las ovejas aquí encerrado.

Hemos estado una hora u hora y media hablando sobre cristianos, musulmanes, Jesús, la Virgen María o el infierno. Me ha leído varios pasajes que no están incluidos en lo que me han dejado. «¿Sabes que fue Abraham quien levantó con sus propias manos La Meca? ¿Conoces la historia de los cristianos durmientes, que estuvieron en una cueva dormitando durante trescientos años mientras un perro custodiaba la entrada?»

Me ha contado las dos historias. Lo ha hecho con fascinación absoluta pues se cree a pies juntillas lo que me decía. Quizá le tendría que haber mandado a la mierda, pero me siento tan solo que me gusta que me haga compañía. Si el precio a pagar es tener que escuchar su disertación y su proselitismo, lo asumo.

—¿Qué significa esto? —le he preguntado señalando el primer versículo de la sura número 3—. *«Alif. Lam. Meem»* —he leído, y posteriormente lo he señalado con el dedo.

—No lo sé.

—¿Cómo que no lo sabes? Es árabe, ¿no? Tienes que saber qué significa.

—No, no lo sé —ha repetido.

Al final me ha confesado que solo es capaz de entender el 70 por ciento del Corán. Hay palabras o significados que no logra comprender. Por eso hay personas que se encargan de buscar una interpretación a esas palabras que, supuestamente, vienen de Alá, quien, por otro lado, según el versículo 6 de la sura 3, es el único que tiene la interpretación verdadera. Es decir, que esta gente solo lee un libro en toda su vida y no entiende lo que en él está escrito. ¡Me encanta!

«No toméis a los cristianos y a los judíos por aliados. Ellos son aliados entre sí. Aquel que los tome por aliados será uno de ellos y Alá no quiere a los que se equivocan de mensaje...», he leído en otro de los versículos que me han dejado.

—¿Y acaso no es verdad? América, España y Europa son aliados de Israel y matan a los musulmanes. Por eso nosotros vamos a la yihad, porque está escrito en el Corán. Todo está escrito en el Corán. Esto, una vez más, demuestra que viene directamente de Alá y que no ha sido escrito por los hombres. ¿El libro de los cristianos viene de Dios? ¡No, claro que no! Alá entregó un libro a Moisés, pero los judíos lo manipularon. Alá entregó un libro a Jesús, pero los cristianos lo manipulasteis para escribir mentiras. Por eso Alá entregó el Corán a Mohammad —me ha dicho casi sin respirar.

—Tu amigo no me da la mano porque soy cristiano, ¿verdad?

—Sí. Eres infiel y no quiere tocarte. Él es una persona con pocos estudios y solo ha leído el Corán.

—Y tú, ¿por qué me saludas o hablas conmigo?

—Creo que eres buena persona y no me gustaría que te quemases en el infierno cuando mueras.

¡Agárrate los machos que vienen curvas! Ahora resulta que el tipo me quiere salvar de las llamas del averno. Lo ha dicho totalmente convencido y me lo ha repetido en varias ocasiones. Que me quiere salvar y llevar al Paraíso junto a Alá. ¡Toma ya! ¡Y todo esto sin anestesia! ¡Tócate los cojones!

—¿Quieres convertirte al islam? —me ha preguntado antes de marcharse.

—Tengo que leerlo completo y entenderlo para darte una respuesta. No puedo decirte que sí habiendo leído solo dos suras —le he respondido con toda la diplomacia de la que soy capaz y para que me traiga más. De tanto leer esos versículos, ya los he memorizado.

No sé por qué me da que me he metido en un jardín con esto de la religión. Ya te lo contaré…

4 DE MARZO DE 2016

—¿Tienes algo que hacer hoy? —me ha preguntado Espikinglish.

He abierto mucho los ojos y me he quedado mirándole. No me vacilaba, al contrario. Le he dicho que no, que mi agenda del día está completamente libre y que no tengo pensado moverme de aquí. Me ha dicho que desayunara y que en un rato vendría a charlar conmigo. He suspirado al pensar que íbamos a volver a hablar de religión. Nada más lejos de la realidad.

—¿Los cristianos podéis tener relaciones anales con vuestras mujeres? —me ha soltado. ¡Así, tal cual te lo cuento! Se ha quedado callado esperando mi respuesta. Y como no le decía nada, ha empezado a hacerme gestos con las manos para que entendiera lo que me preguntaba.

—No. No… Por supuesto que no se puede. Está prohibido —le he mentido.

Se ha quedado bastante satisfecho, creo.

—Eso está bien. Es algo asqueroso. En el islam tampoco podemos. Y tú, ¿con cuántas mujeres te has acostado? —ha seguido. (Risas.)

¡Esta sí que es buena! Si la pregunta anterior ya tiene miga, esta no le anda a la zaga. Le he contestado con evasivas. No tengo intención de comentar mi vida sexual con un secuestrador.

—¿Y te has acostado una vez o muchas veces con ellas? —insiste—. Yo, con ninguna. Tengo veintiocho años y nunca he hablado con una mujer porque son el diablo.

Es para reírse. ¡Al final hasta me va a caer bien el tipo este! ¡Qué cachondo, el tío! ¡Que son el diablo, dice! ¡Y eso que no le he presentado a alguna que conozco yo, que si no corre a inmolarse! (Risas.) ¡Será capullo! ¡Así les va a estos! ¡Menos rezar y más sexo es lo que necesitan para que se les quite la tontería! ¡Una revolución sexual!

¡Pobre infeliz y pobrecita la mujer que se acabe casando con este tipo! Esclavizada por un misógino y machista que solo la quiere para perpetuar la especie. ¡Veintiocho años y nunca ha hablado con una mujer!

—¿Es verdad que en tu país los homosexuales pueden casarse?

—Sí —le respondo.

—¿Y por qué? ¿Cómo podéis permitir esas cosas? Aquí los castigamos porque eso va contra el islam y contra la naturaleza. El hombre debe estar con una mujer. No hombre y hombre. No mujer y mujer, ¡no! En Occidente sois todos unos impuros y unos pecadores. Debéis recibir ayuda para volver al camino recto —continúa—. ¿Sabes? Yo antes era un mal musulmán. Fumaba, bebía alcohol, no oraba... Todo eso cambió cuando empezó la revolución aquí en Siria. Me uní al Ejército Sirio Libre y dejé mis estudios de Derecho en la Universidad de Alepo. Lo dejé todo para luchar por mi país y para que seamos libres.

»Acabé uniéndome a Al Qaeda porque son los únicos que realmente quieren liberar a Siria. Y con ellos encontré a Alá y he sabido reconducir mi senda. Ahora soy un buen musulmán y estaría dispuesto a dar mi vida por mis compañeros. Si mañana el jeque me dice que tengo que inmolarme para salvar la vida de mis hermanos, lo haré sin dudarlo.

¿Sabes, Aleja?, me dan un poco de pena estos pobres desgraciados. La guerra detuvo sus vidas en seco. ¿Qué habría sido de él si no hubiese estallado la revolución? Tal vez sería un buen abogado y estaría disfrutando de la vida, mientras que ahora se pasa las horas tirado en el suelo, con sus colegas, leyendo un libro y pensando en la guerra santa.

¡Asco de mundo, hermana! ¡Qué suerte hemos tenido de nacer donde lo hemos hecho! ¡Qué pena que haya tantísima gente que no sepa valorar lo que tiene e ignore lo afortunada que es!

5 DE MARZO DE 2016

¡Estoy tan, tan cansado de la intolerancia de estos cabrones! ¡O piensas como ellos o estás en contra de ellos! Aquí no hay más opciones, no hay más gama de color… O blanco o negro; no hay lugar para los grises.

Esta mañana entró Espikinglish en mi celda de nuevo para hablarme de religión. Pero, en esta ocasión, no llevaba el Corán, sino un ordenador portátil. Me ha dado a leer un documento de Word escrito en inglés donde se destacaban las grandezas del islam comparado con otras religiones.

He tardado cerca de media hora en leerlo. Se trataba de un escrito de un imán de Arabia Saudí donde quedaban claros los motivos por los que todos debemos ser musulmanes y en el que no hay cabida para otras religiones. «Aquellos que lean esto no podrán sino convertirse al islam porque ahora conocen la verdad», venía a decir el último párrafo del panfleto.

—¿Quieres convertirte al islam? —me ha vuelto a preguntar Espikinglish. ¡Joder, qué pesadilla!, erre que erre, menuda turra. Le ha sabido a cuerno quemado que rechazase abrazar la religión verdadera y se ha cebado conmigo.

Para comenzar, me ha puesto un vídeo de soldados norteamericanos abatidos en Irak por francotiradores de Al Qaeda. Imágenes grabadas por yihadistas y luego tuneadas para que aparezca una diana cada vez que se abate a un soldado.

No contento con eso, ha continuado con una serie de vídeos de la factoría del Estado Islámico. Ha empezado con el del piloto jordano quemado vivo y ha terminado con los cristianos coptos decapitados en Libia. No sé si era un mensaje para mí o qué, pero desde luego no ha sido muy sutil.

Para acabar, ha puesto un vídeo grabado con un teléfono móvil de una pareja de musulmanes quemados vivos en República Centroafricana por una turba de cristianos.

—¿Dónde están las Naciones Unidas? ¿Dónde está América?

¿Por qué nadie los ayuda? Matan musulmanes y el mundo mira para otro lado. ¡Y si nos defendemos nos llaman terroristas! ¿Por qué no miras, eh?, ¿por qué no estás mirando? —ha empezado a gritarme furioso.

Yo miraba hacia la pared. No hay necesidad de ver cómo dos personas son quemadas vivas, independientemente de su credo. El tipo ha continuado dándome voces. He pensado que me iba a caer una hostia. Pero, para mi sorpresa, no ha sido así.

Ha cerrado su portátil. Se ha levantado y se ha encaminado hacia la puerta. Antes de salir, se ha girado hacia mí.

—Eres buena persona y por eso quiero salvarte de quemarte en el infierno. Si mañana mueres, no podrás ir al Paraíso. Esta ha sido tu última oportunidad —ha sentenciado.

¿El infierno? ¡Esto ya es el infierno, tonto del culo! Cualquier cosa que no sea estar aquí encerrado todo el santo día sin tener que aguantar a esta panda será el Paraíso. ¡Menudo gilipollas! No he podido reprimir las lágrimas y he roto a llorar, para variar, aunque he de decirte que llevaba varios días sin hacerlo. Si ir al infierno significa poder reunirme con todos vosotros, ¡adelante! ¡Que terminen de una vez con todo esto! Prefiero estar allí esperándoos que ir al Paraíso y estar rodeado de esta panda de descerebrados. Al final van a conseguir que acabe odiando su puta religión.

Al intento de conversión espiritual se ha unido hoy el físico. El Tarao ha entrado en mi habitación con unas tijeras y me ha obligado a rasurarme el bigote al estilo yihadista. Le he dicho que sin un espejo no podía hacerlo y, ni corto ni perezoso, las ha tomado él mismo y ha comenzado a afeitarme. Me ha cortado un par de veces en el labio superior y me ha hecho sangre. He pasado la lengua sobre la herida para limpiarme y se ha puesto a gritar como un poseso. *«Haram! Haram!»* Resulta que el Corán explica que no se puede beber sangre humana, ni siquiera la propia. ¡Qué harto estoy de estos tipos y de sus mierdas religiosas! ¡Qué ganas de perderlos de vista!

7 DE MARZO DE 2016

«Cumpleaños feliz, cumpleaños feliz, te deseamos todos, cumpleaños feliz...» Hoy es 7 de marzo de 2016. «Porque es un chico excelente, porque es un chico excelente...» Hoy es mi cumpleaños. Sin lugar a dudas, el aniversario más triste de toda mi vida.

He cantado en voz baja mientras las lágrimas resbalaban por mis mejillas. No era capaz de mantener la cabeza erguida ni de mirar al frente. ¡Estoy tan triste, hermana! Cantaba para mí mientras iba engullendo cada uno de los trozos del bollito de chocolate que me dio Amado Líder semanas atrás.

Lo he partido en cinco pedazos, uno por cada uno de los miembros de nuestra familia, y me los he ido comiendo poco a poco mientras seguía entonando el *Cumpleaños feliz*. Comía mientras cantaba. Cantaba mientras lloraba. El chocolate jamás me supo tan amargo. ¡Qué tristeza!

Me resulta todo absurdo. Hace años que trato de celebrar este día fuera de casa. La abuela y la tía Amalia siempre eran las primeras en llamarme para felicitarme. Desde que no están, es raro porque sigo esperando esas llamadas que sé que nunca llegarán. Por eso siempre viajo lejos de España. Por eso huyo… Siempre huyendo, siempre tratando de escapar. ¿Seré capaz algún día de afrontar mis problemas y de plantarles cara?

Aquí me tienes. Secuestrado y cantándome el *Cumpleaños feliz* a mí mismo. Es la primera vez en toda mi vida que nadie me felicita por mi cumpleaños, y te aseguro que es una mierda. Sentirse solo es una mierda; debería estar prohibido. Por un momento he dudado en si decírselo a estos o no, buscando una felicitación. Quería sentirme un poco arropado, sentir que no estoy solo y que no soy un perro, que sigo siendo una persona. Pero caí en la cuenta. Si hoy estoy aquí encerrado en este agujero es por su culpa. ¡Que los follen! ¡Los odio a todos!

Ha sido un día horrible, como los otros doscientos cuarenta

y ocho que llevo secuestrado y lejos de casa. Me he tirado todo el día llorando en el suelo de la celda. Sin ganas absolutamente de nada. Pensaba en todos vosotros. Seguro que mamá me ha dejado los regalos encima de la cama con la esperanza de que los pueda abrir algún día. Sigo soñando mucho con ella. La veo tan triste, igual que a papá. Espero que estén los dos bien, y tú también, Aleja. He pedido un deseo por mi cumpleaños. Ojalá se cumpla. ¡Ojalá...!

¿Qué pasaría si dejase de tachar fechas en el calendario? ¿No sería mejor olvidarme del día en el que vivo? Quizá sería menos doloroso. ¿Me conviene saber qué fecha es? No lo sé. Me lo he planteado muchísimas veces y quizá lo haga algún día. Quizá llegue el momento en el que no me apetezca seguir contando días, semanas o meses. Si alguna vez ocurre eso, significará que habré perdido toda esperanza de volver a casa. De momento, yo sigo con mis cruces y llorando por cada día que sumo aquí encerrado.

10 DE MARZO DE 2016

Los truenos retumban con fuerza en mi celda. Oigo cómo el agua cae en el patio de la casa. Lleva así tres días sin parar. Me gusta escuchar la lluvia en completo silencio. Me recuerda cuando miraba llover desde la ventana de casa, el olor a la tierra mojada, la sensación de agua resbalándome por la cara... Estos últimos días de invierno están siendo especialmente desapacibles. ¡Me gusta muchísimo la lluvia!

Tengo mucho frío. Hace tiempo que siempre tengo esa sensación. Mi celda es muy húmeda y, aunque me trajeron una estufa, nunca me la han llegado a encender. Amado Líder dijo que se acabaron los malos tratos. Se refería, claro está, a los físicos.

Llevo todo el día bajo las mantas mirando hacia la puerta de mi celda esperando a que vengan a por mí y acaben conmigo. Ayer les escuché decir mi nombre en alto para posteriormente reírse. Creo que me imitaban.

Me paso el día entero llorando y ellos, lógicamente, me escuchan porque yo también los oigo a ellos. Parece que les hace mucha gracia que un tipo de treinta y cuatro años gimotee todo el día como un bebé. El otro preso, por el contrario, no emite ni un sonido. ¡Es impresionante! A veces pienso que se lo han llevado de aquí, hasta que de nuevo oigo la llave en su cerradura. Sale, va al baño y le dejan la comida. Por lo demás, es como un fantasma. ¿Qué pensará de mí, que estoy todo el día lloriqueando y hablando solo? ¿Pensará que he perdido la cabeza o que soy un niñato imbécil? Lo que daría por poder hablar con él.

Llevo doscientos cincuenta días secuestrado. ¿Llegaré a un año? Lo pienso y me da algo. Creo que ese será mi límite. Si cumplo trescientos sesenta y cinco días cautivo, me empezaré a plantear cosas. ¿Escapar? ¿Volver a…? ¡No, no! ¡Eso nunca más! Por mí mismo, por vosotros y por Jim, que aguantó estoicamente y nunca se rindió… ¡Uf! ¡Un año!

Pienso en cómo y por qué he llegado a esta situación. ¿Ha merecido la pena? Sinceramente, no lo sé. ¿Quiero seguir siendo periodista? Tampoco lo sé. Me encanta mi profesión, me parece la más maravillosa del mundo y estoy dispuesto a dar la vida por ella. Pero también me apetece tener una vida. «Tú no tienes una profesión, Antonio. Tienes un *hobby* muy caro», me dice papá. No le falta razón. A 45 euros la crónica de texto y foto desde Alepo, es imposible formar una familia o independizarse. Y eso cuando pagan, porque en más de una ocasión me han ofrecido publicar gratis para mi promoción personal.

Tengo treinta y cuatro años y un futuro incierto. ¿Y si me quedo con el vivero del que ha vivido nuestra familia siempre? Tendría un plato de comida caliente en la mesa todos los días; podría pagar un alquiler y tal vez formar una familia sin depender económicamente de nadie. ¿Qué precio me supondría eso? ¿Mi felicidad? No sé, hermana, no sé. Estos últimos días pienso mucho en mi futuro. ¡Qué locura! ¡Si ni siquiera sé si voy a salir de aquí con vida!

Llevo ocho años cubriendo guerras en cuatro continentes. He vivido en carne propia el dolor y también la alegría ajenos; he visto cosas que nadie, nunca, debería ver; he dado voz a quien, de otra forma, jamás podría haber narrado su historia. Me encanta lo que hago. Eso lo tengo clarísimo; no me gustaría ni quiero hacer otra cosa.

Ahora estoy aquí secuestrado porque arriesgué demasiado. Pero esto me podía haber pasado antes. Empecé a trabajar en Siria porque era muy barato y porque el riesgo era tan alto que no tenía competidores. Pero, al final, uno acaba pagando los excesos. Aun así, estoy orgulloso de todo lo que he conseguido y sé que vosotros también lo estáis de mí. Esa es mi mayor recompensa. Me gustaría mucho escucharlo de vuestras bocas. ¿Lo estás, hermana? ¿Estás orgullosa de mí? ¡Ojalá!, ojalá lo estés y entiendas lo que me ha movido hasta aquí una vez más. A ti se te da bien escribir, ¿sabes? He pensado tantas veces en que vengas conmigo a trabajar y firmar una historia juntos. ¿De verdad quieres ser bióloga? (Risas.)

12 DE MARZO DE 2016

«*Stop*, *stop*, *stop!*», gritaba esta noche el tipo de la otra celda. Han estado un buen rato con él. Juraría que lo interrogaban o le grababan un vídeo. Repetía una y otra vez lo mismo, como cuando me dieron el texto que tuve que leer una y otra vez mirando a cámara. He tratado de agudizar el oído, pero tengo que ser discreto porque, si me ven por las cámaras de seguridad escuchando, estoy seguro de que el Tarao no desaprovechará la oportunidad para darme una hostia. Lleva un par de semanas sin hacerlo y seguro que lo echa de menos.

Me ha parecido que mezclaba palabras en árabe con otras en inglés, lo que ha acabado de desconcertarme del todo. ¿Quién demonios es este tipo? Cuando creía que era de esta parte del mundo, resulta que habla inglés y los secuestradores se dirigen a él en la lengua de Shakespeare. Además, ayer se le cayó el plato de comida al suelo y dijo *shit* («mierda» en inglés). Cuando se me cae algo o cuando insulto a estos cabrones, yo lo hago en español. ¿Es anglosajón? Ni idea, de verdad. Ni idea.

Desde hace varios días hay mucho trajín en su celda. Por el contrario, a mí desde el pasado 5 de marzo ni me han dirigido la palabra. No me importa mucho, ciertamente. No sé de qué hablan. Suelen estar con él cerca de media hora. Los escucho muy bajito y solo entiendo palabras sueltas y fuera de contexto. No me extrañaría que Espikinglish quiera salvarlo de las llamas eternas del infierno y reclutarlo para la causa.

Esta noche ha sido diferente. Además de sus gritos de *stop!*, he oído ruido de mobiliario. Como si moviesen un armario, una mesa o cualquier otra cosa pesada, porque ha hecho muchísimo ruido.

Luego he entendido algo sobre dinero... lunes, banco... Palabras sueltas que oía en inglés, aisladas de la conversación, así que pueden significar mil millones de cosas. Yo espero que él tenga más suerte que yo y ese vídeo sirva para algo, porque estar aquí metido tantísimo tiempo, aunque tenga una televisión para los ratos muertos, es una puta mierda.

No sé quién es, pero no creo que haya hecho nada tan grave como para estar secuestrado. No le deseo algo así ni siquiera al Tarao, por mucho que le odie.

Por lo demás, todo bien. Se han llevado el Corán. Como no me voy a convertir, han decidido que no lo necesito para nada, ni siquiera para hacer más llevadera mi penitencia aquí dentro. Así que, como ya tampoco puedo leer, solo me queda escribir, y lo hago con cuentagotas para ahorrar papel. La mayor parte del día lo paso comiendo techo, esperando a que se haga de noche para poder meterme bajo las mantas y tratar de dormir algo. En fin… Un día menos.

19 DE MARZO DE 2016

¡Cómo me habría gustado celebrar con papá el Día del Padre! Le habría dado una sorpresa, pero sobre todo un abrazo. Ese abrazo del 8 de julio… ¡Cuánto lo recuerdo!

Para motivarme, siempre me marco un horizonte temporal, un día especial en el que por fin estaré en casa. Primero fue el cumpleaños de Goyito, luego la Navidad, luego mi cumpleaños… Pero las fechas van pasando y yo sigo aquí encerrado, tachando y tachando días en mi calendario. ¿Esperanza? Depende del día y de mi estado de ánimo. Tras el interrogatorio al que sometieron al otro tipo, un poco más.

Llevo ocho meses secuestrado y, como en la canción de Maná, «en el lugar de siempre, en la misma ciudad y con la misma gente». Estoy cada día más cansado mentalmente. Estar solo, de por sí, es una tortura terrible. Espero que mis amigos estén juntos y, por lo menos, se hagan compañía y se apoyen en los momentos de bajón. Se agradece una mano amiga que no te deje caer y poder hablar con alguien. Echo mucho de menos mis conversaciones con ellos, aunque hayamos tenido nuestros roces, como es normal.

Estos días en los que estoy un poco más bajo emocionalmente y la soledad me acongoja pienso en mi compañero Austin Tice. Desapareció en agosto de 2012 en Siria. Va para cuatro años sin noticias de él, salvo un vídeo que apareció en YouTube donde se le podía ver con los ojos vendados diciendo: «¡Dios mío, Dios mío!». Desde entonces, silencio.

No quiero ni imaginar cómo lo está pasando Austin. Al ser exmarine, sus secuestradores no habrán tenido clemencia con él. Le habrán golpeado, maltratado y quién sabe cuantísimas cosas más. Pienso en él y rezo por él. Espero que esté bien, lejos de casa pero vivo, que no pierda la esperanza y que su madre, Debra, al igual que hace la mía conmigo, ilumine el agujero en el que está metido. Que luche, que tenga fe. Saldrá, ¡claro que sí! Regresará a casa, volverá a abrazar a sus hermanos y a sus padres, sobre todo a su madre.

Sí, pienso en su madre, porque pienso en mamá y se me rompe el alma. No saber absolutamente nada de su hijo, ni siquiera si está vivo o muerto... Debe ser morir en vida. ¡Cuantísimo hacemos sufrir a nuestras madres y qué poco se lo agradecemos! Mamá, siempre a mi lado sin decir absolutamente nada.

Me ha tenido que ocurrir esto para que me aferre a ella. Para saber lo muchísimo que la quiero y lo importante que es para mí. Si sigo aquí, es por ella que me protege a distancia. Sé que Debra, la madre de Austin, hace exactamente lo mismo por su hijo.

26 DE MARZO DE 2016

¡Ohhhhhhhhh! ¡Se acabó el récord! He estado veintiún días, ¡veintiuno!, sin hablar con otro ser humano. Desde que el pasado 5 de marzo Espikinglish me dijo aquello de «Eres buena persona y por eso quiero salvarte de quemarte en el infierno», no se habían vuelto a dirigir a mí para nada. Era, imagino, su forma de castigarme por no abrazar sus preceptos religiosos y seguir siendo infiel.

Hoy, después de veintiún días, Espikinglish me ha vuelto a dirigir la palabra.

—Dáesh ha atentado en Bélgica. Ha matado a mucha gente en el aeropuerto y en un tren —ha dicho, satisfecho de la noticia—. La yihad ha llegado a Europa. Vosotros bombardeáis Siria y nosotros golpeamos vuestros países. El Corán dice: «Ojo por ojo, diente por diente».

—¿Y España? ¿Ha pasado algo en España? —le he preguntado rápidamente, pues temo que en estos meses haya habido una oleada de atentados a gran escala en Europa y os haya podido pasar algo a alguno de vosotros.

—No, creo que en España no ha pasado nada —ha respondido antes de salir de la celda tras dejarme el plato con dos huevos duros y un tomate cortado en rodajas.

Esta noticia me ha hecho pensar que llevo ocho meses aislado del mundo, sin saber qué ocurre más allá de estos muros. Me gustaría tanto poder abrir una pequeña ventanita y mirar al exterior… ¿Qué habrá sucedido en todos estos meses? ¿Habrán cambiado mucho las cosas o el mundo será la misma mierda que antes de que me secuestrasen? Mi reino por saber qué está ocurriendo en el mundo real, fuera de esta pequeña burbuja donde vivo al día.

Espero que estéis todos bien, Aleja. Te quiero.

31 DE MARZO DE 2016

«¿Tus amigos? No sé de qué me hablas.» Esta ha sido la contestación que me ha dado esta mañana el Tarao cuando le he preguntado por la carta que envié hace un mes a mis dos amigos y de la que aún no he obtenido respuesta. En este tiempo les he preguntado por la misiva y me decían que se la habían entregado, que el tipo que se la dio no había regresado por aquí y que no sabían cuándo volvería a aparecer.

Ahora, un mes después, no saben de qué les hablo. El Tarao me ha mirado fijamente a los ojos para decirme que no sabe de qué amigos le hablo, que no recuerda que le haya dado ninguna carta. Se lo he dicho primero en inglés y luego en árabe, pero la respuesta ha sido la misma y me ha cerrado la puerta en las mismas narices sin darme más explicación que esa.

¡Vaya unos hijos de puta! ¿Se los han cargado o quieren hacerme creer eso? ¿Por eso me preguntó Espikinglish si eran buenas personas? Tendría sentido, ya que un día después me obligaron a leer otro mensaje dirigido al Gobierno. ¿Sería un ultimátum?

Desde diciembre no sé absolutamente nada de ellos. En su última carta me decían que el trato estaba siendo bueno. ¡Claro que yo les decía lo mismo! ¡Como para decir lo contrario! ¿Qué les habrá pasado? No lo sé, pero ojalá estén ya en casa y estos cabrones lo único que estén haciendo sea joderme un poco más.

He pensado en enviarles una nueva carta. Pero, si dicen que no saben de qué les estoy hablando, ¿a quién se la van a entregar?

Cuando he regresado del baño, el Tarao se ha dado cuenta de que en los bolsillos traseros del pantalón guardaba algo. Me ha registrado y ha encontrado todos los papeles que he estado escondiendo durante estos últimos meses. Me ha preguntado qué eran. Le he explicado que era el diario que te he estado escribiendo durante este tiempo.

Se ha puesto muy nervioso y ha empezado a gritarme como un poseso. Incluso me ha levantado el puño con intención de golpearme. Pero en ese momento, imagino que al oír los chillidos histéricos de su compañero, se ha presentado Espikinglish en la celda.

—Dice que le estás dejando mensajes al otro preso. ¿Es verdad? —me ha preguntado después de intercambiar unas palabras con el otro.

Le he contestado que no, que por supuesto que no. Para demostrárselo, le he pedido que mirase los papeles para que viese que estaban escritos en español y no en inglés u otro idioma. Los ha mirado uno por uno y me ha pedido que, a partir de ahora, los deje todos en la habitación y no los vuelva a esconder en ningún bolsillo. Si me los vuelven a encontrar, tendré que atenerme a las consecuencias.

He obedecido. Los he sacado todos, salvo la novela que escribo para Goyo, que sigue a buen recaudo oculta en el segundo pantalón. ¡Espero que no se den cuenta del engaño! El diario lo he dejado en el suelo junto con los otros cuadernos. No creo que te lo pueda entregar jamás o que alguien algún día te lo pueda hacer llegar.

Lo siento, hermana.

5 DE ABRIL DE 2016

El Tarao me ha vuelto a soltar una hostia. Nada más salir del baño, me ha dado un puñetazo en el estómago y después me ha golpeado en la cara porque, según dice, he tardado mucho tiempo en salir.

Estoy estreñido y yo no tengo la culpa. Con lo que me dan de comer, ¿qué demonios esperan? Estoy harto de la tortilla francesa, los huevos duros, los tomates o el puto arroz blanco. En realidad, la comida es la excusa. Estoy cansado de todo y de todos. El tiempo juega en mi contra, sigo descontando día tras día, voy para nueve meses de cautiverio y aquí continúo.

¿Por qué nadie hace nada por mí? ¿Por qué nadie me ayuda? Soy un *free lance* que no le importa a nadie, salvo a vosotros.

En estos últimos días hablo muchísimo conmigo mismo y también con Dios. Estoy tratando de sacar fuerzas de flaqueza y de mantener la cabeza fría. Me he resignado a acabar asesinado y me preparo para afrontar ese momento. Trabajo cada día para cuando llegue el final. Él, que aguantó un calvario, me sirve de guía y me ayuda para enfrentarme al desenlace que creo que me pueden tener preparado estos tipos.

Sé que será duro y que me costará mantener la compostura, pero lo haré. Me he demostrado que soy muchísimo más fuerte de lo que yo mismo pensaba. He resistido casi nueve meses. Solo falta lo más complicado, los últimos pasos hasta…

Desde hace varios días no suelto ni una sola lágrima y te aseguro que, comparado con mi estado de estos meses, es un grandísimo logro. ¿Se me han acabado? No, al contrario. Podría estar horas y horas, puede que incluso días, llorando sin parar. Pero ya está. He tenido un comportamiento impropio de mi edad. Me he comportado como un niño pequeño y ¡hasta aquí! No van a vencerme; no me van a quitar la poquita dignidad que conservo en lo más profundo de mi corazón.

He empezado a levantar la cabeza y a mirarlos a los ojos para decirles: «¡Que os den mucho por culo! ¡Aquí estoy yo! No volveré a agacharla por mucho que me sigáis golpeando o maltratando». Y así ha sido. He encajado los dos golpes de esta mañana y, al volver a mi habitación y quitarme el gorro, me he puesto de frente al Tarao y le he mantenido la mirada. ¿Me quieres pegar?, ¡venga, hazlo!

Quizá es fruto de la desesperación, no lo sé… Pero me he sentido muy orgulloso de mí mismo.

11 DE ABRIL DE 2016

¡Tengo una televisión! ¡Me han puesto una TE-LE-VI-SIÓN en la celda!

Esta mañana decidí coger el toro por los cuernos y, llenándome de valor, llamé a la puerta para hablar con esta panda. Fresita se presentó en mi celda.

—Quiero hablar con el jeque. ¡Que venga! —le he dicho.

—¿Por qué quieres hablar con él? —me ha preguntado curioso ya que era la primera vez que pedía hablar, directamente, con el jefe de estos capullos.

—Llevo más de doscientos cincuenta días secuestrado. Nueve meses, ¡no os aguanto más! Lo siento, pero no aguanto ni un solo día más, así que quiero que me matéis —le he pedido pasándome el pulgar por el cuello. El tipo ha abierto los ojos desmesuradamente y se ha quedado en silencio—. *Anta khalas Ana* («tú acabar conmigo»).

—*Limada?* («¿por qué?»).

—¡Porque no os aguanto más! ¡Me tenéis hasta los cojones!

Esto último no lo ha entendido porque se lo he dicho en español. Pero, por mi lenguaje no verbal, seguro que le ha quedado bastante claro. Ha tenido que alucinar en colores.

—Esta noche vendrá el jeque para hablar contigo. No te preocupes. Esta misma noche.

He esperado pacientemente a que cayese el sol mirando el tragaluz que hay sobre la puerta. A medida que se acercaba la hora, se me iba acelerando el corazón. ¿Habré hecho bien? No sé. Me he empezado a arrepentir, pero este sufrimiento constante y continuo ya se me hace insoportable.

¡Por fin ha llegado el momento! Han abierto la puerta y me han llevado al baño. Al fondo del pasillo oía la voz de Amado Líder, que hablaba con el resto. Al llegar de vuelta a la celda... Fresita estaba instalando la televisión.

Yo me he quedado perplejo. Les pido que me maten y me traen una televisión. Pero ¿de qué cojones va esta gente? Hace meses que podrían haber aliviado mi situación y no lo han hecho hasta que no han conseguido llevarme al límite. ¿Qué habría pasado si no hubiese llamado a la puerta pidiendo que me ejecutasen? Posiblemente seguiría igual que antes: mirando el techo y jugando a recordar las películas que han protagonizado algunos de los actores y actrices más famosos de Hollywood. Por cierto, Tom Cruise le gana a Stallone y Schwarzenegger.

—*Taman?* —me ha preguntado Fresita mientras sintonizaba los canales.

—¡Tu puta madre *taman*, capullo!

Cuando ha terminado, el tipo me ha ofrecido el mando a distancia.

—¿Puedo ver el fútbol? ¿Te gusta el fútbol?

—*Aiwa!* («sí»). ¿De dónde eres?

—Soy de España, ¡España!

—¿Madrid o Barcelona?

No podía faltar esa pregunta. Al final es el fútbol lo que termina uniendo a las personas.

—Del Madrid, por supuesto.

—Yo soy de Alepo y también soy del Madrid. Hace unos días le ganamos al Barça 1-2. Gol de Cristiano.

«¡Pues qué bien!», pensé. La primera noticia que tengo del exterior en todos estos meses, salvo la de los dos atentados en París y Bélgica, es que el Madrid le ganó al Barcelona en el Camp Nou.

—Zidane *taman*.

—¿Zidane? ¿Qué dices? Zidane no juega en el Madrid. Se retiró hace la pila de años.

—Zidane *boss* («jefe»).

Ha pasado un buen rato hasta que he logrado entender lo que quería decirme.

—¿Zidane es el entrenador del Madrid?

—*Aiwa, aiwa!* («sí, sí»).

—¿Y Benítez?

—*Barra, barra!* («¡fuera, fuera!»).

¡Toma ya! Estoy nueve meses desconectado del mundo y resulta que ahora Zidane es el entrenador del Real Madrid. ¿Qué más habrá pasado durante todo este tiempo? ¡Qué ganas tengo de que mañana conecten el generador para poder ver televisión!

13 DE ABRIL DE 2016

¡Qué feliz soy, Aleja! ¡Sí! ¡Qué feliz! Sé que es una tontería y que soy un cínico, pero la televisión me ha dado la vida. He estado unas cuatro horas embobado mirando la caja tonta. Incluso me he puesto a llorar cuando en France 24 ha salido el mapa del tiempo de España. «¡Mi casa, mi casa!», repetía sonriendo y llorando al mismo tiempo. «¡Mi familia!», me decía, aferrándome al mando a distancia y señalando la televisión. Uffff… No te puedes hacer una idea de lo que ha significado ese momento.

Estamos a más de cuatro mil kilómetros de distancia, pero durante unos segundos hemos estado ¡tan cerca! Han pronosticado nubes y claros en Madrid. ¿Hace frío? ¡Qué ganas de ver el sol, pasear por El Retiro y comer una buena tortilla de patatas en el césped para después echarme a dormir la siesta! En fin… disfrutar de esas pequeñas cosas que forman la vida y que dan sentido a todo.

Ayer no pude ver la televisión porque no encendieron el generador. Pero hoy he esperado pacientemente y ¡tachán! Después del penúltimo rezo del día, se ha hecho la luz.

He ido buscando canal por canal. La mayoría son medios locales que hablan de temas religiosos o ponen imágenes de combates en Siria. Hay algunos en inglés, pero pocos: un par de ellos con películas. Además, las noticias de France 24. Ahí me he quedado hoy bien atento para ver si daban alguna información sobre España. *Et voilà!* Ha aparecido Sarah Norris, corresponsal de la cadena en Madrid, hablando sobre unos papeles de Panamá y el ministro de Industria, Energía y Turismo, José Manuel Soria. No sé de qué demonios hablaba, pero me ha dado exactamente igual. Ahí estaba yo viendo a esta muchacha.

¡Ni te imaginas la inmensa alegría que me ha dado saber algo sobre España! ¡Y mañana más! ¿Qué habrá hecho el Madrid en la Champions? (Risas.)

20 DE ABRIL DE 2016

—¿Con quién hablas? —me ha preguntado Fresita esta mañana.

Imagino que los mosquea que hable todos los días a la misma hora y quizá piensen que trato de comunicarme con el preso de al lado.

—Con Jesús —le he respondido.

—¡No, no, no! No puedes hablar con Jesús. Nosotros no hablamos con Mahoma. Si quieres salir de aquí y volver a casa con tu familia, tienes que hablar con Alá. Pídele ayuda a Él. Él es el único que puede sacarte de aquí y llevarte a España —me ha dicho—. Además, nosotros no juntamos las manos para rezar. Separamos las manos y ponemos las palmas hacia arriba —ha agregado mientras me mostraba cómo rezan los musulmanes—. Jesús no es hijo de Alá. Alá no tiene hijos. Jesús es un profeta como Moisés o Mahoma. Pero no es hijo de Alá. ¿Entiendes? Está bien que reces; está bien que tengas fe en Alá y que creas en Él... Pero tienes que hacerlo en el sentido correcto —me ha dicho antes de cerrar la puerta y salir de la habitación.

He podido escucharlo comentar la jugada con sus amigos y a todos reírse como gilipollas. ¡Niñatos! Sé que me ven por la cámara, así que me he vuelto a sentar en el suelo. He juntado las manos, como siempre, y he hablado con Jesús como cada mañana, pero alzando un poco más la voz para que me oigan.

Su reacción inmediata ha sido subir su música religiosa para no escucharme. Vamos, que me han contraprogramado. Cada vez que ellos rezan, yo guardo un respetuoso silencio porque creo que es lo suyo. Pero esta gente pasa de todo. Son ellos, ellos y solo ellos.

Encontraré la forma de vengarme. De eso puedes estar bien segura.

25 DE ABRIL DE 2016

—Escribe las direcciones de *e-mail* de tus familiares y sus números de teléfono para que nos pongamos en contacto con ellos. Las cosas no van bien con tu Gobierno y es la última oportunidad que te queda —me dice Espikinglish mientras me alarga un folio en blanco y un teléfono—. Ahora estás en manos de Alá —sentencia cuando le devuelvo el papel con toda la información que me ha pedido.

Me temo que esto toca a su fin, hermana. La partida está cerca de terminar y tiene pinta de que voy a perder. Este momento es el que llevo temiendo desde hace meses y ahora va apareciendo en el horizonte nítidamente. Me he preparado durante las últimas semanas para afrontarlo y lo voy a hacer con la cabeza muy alta, te lo prometo.

Después de todo lo vivido y sufrido, es una mierda que esto se vaya a acabar de esta manera. Pero también es mejor que sea cuanto antes. Estoy muy cansado. Sé que sería capaz de aguantar más tiempo en estas condiciones, pero prefiero descansar, e ir al cadalso es una manera de hacerlo. No solo yo, sino también vosotros, que ya no tendréis que preocuparos más por mí. La pena será inenarrable, pero ya solo tendréis que llorarme sin pensar en cómo estoy, si me tratan bien o no. Solo me podréis llorar.

Estaré bien, hermana. No te preocupes. Pienso en vosotros y sonrío cuando lo hago. Le pido a Dios por vosotros todos los días para que os cuide y os arrope. Para que no estéis solos. Pronto lo haré yo también. Te quiero.

1 DE MAYO DE 2016

Mi querida niña Alejandra, he encontrado la forma de joder a estos hijos de puta. Continúan con su contraprogramación cada vez que rezo, así que voy a cambiar la hora de mi oración. Rezaré por las noches después de que se vaya la luz del generador ya que, al no haber luz, no pueden poner la radio y, como tienen que dormir, tampoco pueden poner canciones religiosas en sus teléfonos móviles. Me tendrán que escuchar por cojones. (Risas.)

Estos días, que hablo más con Dios, he pensado y reflexionado muchísimo sobre mi situación y sobre estos tipos que me han custodiado estos últimos meses. Les he dicho absolutamente de todo, especialmente al Tarao, a quien incluso le deseé que una bomba le hiciese picadillo.

Ahora lo pienso fríamente y con perspectiva, y puedo decirte que me arrepiento de todas las cosas que le he dicho o deseado. No le odio y tampoco le deseo ningún mal, ninguno. No tiene sentido odiar a nadie. Los perdono por todo lo que me han hecho durante estos últimos siete meses. Sí, sé que te parece increíble y que piensas que he acabado de perder la razón. Pero no es así, hermana.

Creo que es un acto de valentía perdonar a aquellos que me han hecho tantísimo daño. Lo sencillo es odiar. Ese es el camino fácil. Pero sabes que nunca me ha gustado ese camino; yo siempre voy en dirección contraria al resto.

Me pongo en la piel de esta gente y pienso en lo que les ha tocado vivir. Pienso en sus circunstancias y en su contexto. ¿No haríamos nosotros lo mismo? ¿No nos convertiríamos en monstruos si viviésemos en el mismísimo infierno? Sí, es posible que también fuéramos seres detestables y sanguinarios.

No deben tener más de veinticinco años. Les han robado el futuro, las ilusiones y la esperanza. Los han manipulado y les han enseñado a odiar al prójimo. ¿Y por qué no podrían volver a aprender a amar? Nadie nace malo, nadie. La maldad es circunstancial, no es innata.

Sé que en el fondo de su alma no son malas personas. Quiero creer que siguen conservando algo de humanidad en su interior.

Sí, hermana. Los perdono y jamás podré odiarlos. ¡Jamás! Sé que ahora mismo no lo entiendes y que te gustaría hacerles pagar por todo lo que me han hecho. Pero no lo hagas. Perdónalos como he hecho yo. Disfruta de tu vida; es algo que ellos nunca podrán hacer.

5 DE MAYO DE 2016

Es cuestión de días. No creo que me quede mucho más tiempo. Como muchísimo muchísimo… una semana, y no creo que llegue a tanto.

Esta noche Amado Líder y Espikinglish me han visitado para entregarme una bolsa con un chándal de mercadillo de color gris y unas zapatillas. Me han obligado a probármelo para comprobar que es de mi talla. Han debido de quedar conformes con mi atuendo porque no han puesto ninguna pega.

Se han marchado sin decir absolutamente nada más. Tampoco les he preguntado. ¿Para qué? ¿Para que me mientan? Ya he escuchado suficientes veces eso de «dentro de poco vuelves a casa; poco tiempo, poco tiempo».

Llevo doscientos noventa y siete días secuestrado. Se dice pronto, ¿eh? Perdóname, hermana. Jamás he deseado que esto termine así.

7 DE MAYO DE 2016

Aún es de noche cuando la puerta de la celda se abre. Estoy medio adormilado. Cierro los ojos y aprieto los dientes con fuerza. Es un mal sueño, me repito una y otra vez. ¡Vamos, despiértate, Antonio! Oigo pisadas que se acercan hasta el camastro. Jaque mate…

—*Yallah, Yallah!* ¡Wail, levántate! —me grita Espikinglish.

Asomo la cabeza por entre las mantas y puedo verle con un pasamontañas. Lleva serigrafiado el logotipo del Estado Islámico. «Se acabó. Ahora sí que se acabó», pienso. Me levanto de la cama y le miro fijamente a los ojos. ¡Me van a matar! Tengo miedo. Mucho miedo. Puedo intuir su sonrisa de satisfacción bajo el verdugo cuando mi mirada va del emblema a sus ojos y viceversa.

Me tira a la cara una bolsa de plástico donde están la ropa deportiva y las zapatillas. También hay una camiseta interior negra, calcetines y calzoncillos del mismo color.

—¡Vístete! ¡Vamos! —me ordena antes de cerrar la puerta para que pueda cambiarme de ropa—. Cuando termines, llama a la puerta.

He guardado todos los papeles en los bolsillos del chándal y bajo el pantalón llevo otro más donde he escondido la novela para Goyo. Suspiro antes de llamar a la puerta tratando de saborear hasta el último instante.

¡Toc, toc, toc!

No tardan más de cinco segundos en entrar Espikinglish, el Tarao y Amado Líder. Vuelvo a mirar el logotipo de Dáesh por última vez. Me ponen unos grilletes en las manos y una capucha. Antes de sacarme de la habitación, me registran y noto cómo van sacando todas las notas que tenía escondidas por el cuerpo.

—Por favor, es para mi hermana. ¡Dejad que me lo lleve! —les suplico.

—¡No! —me responde el Tarao mientras me golpea en la espalda para que camine.

Alguien me toma de las esposas y me conduce hasta la puerta de la habitación. No recorremos mucho camino antes de que un fogonazo me deje medio ciego. El sol brilla con fuerza y la luz se cuela dentro de la capucha que me han colocado.

—*Don't forget us* («no te olvides de nosotros», en inglés) —me susurra Espikinglish mientras coloca su mano sobre mi cabeza para meterme a trompicones en un coche.

Arrancamos. Conduce Amado Líder y de copiloto va el Hobbit. A mi lado se sienta el Tarao empuñando un Kalashnikov. La capucha es muy fina y por primera vez puedo distinguir sus rasgos: pelo largo, barba rala, bigote rasurado... Viste uniforme militar y lleva un chaleco con varios cargadores con munición.

Mi corazón está acelerado. Trato de mantener la calma y de respirar con normalidad, pero resulta casi imposible. Pienso en vosotros y hablo con Dios. Le pido que me dé fuerzas para aguantar lo que está por venir; que me cuide y proteja, y, sobre todo, que sea rápido.

—¡Wail, agacha la cabeza! —me ordena el Tarao, y me da una colleja.

Mi mente es un batiburrillo de sensaciones. Barrunto multitud de posibilidades y ninguna es buena. Salimos de la carretera asfaltada a una secundaria. Baches, socavones, terreno irregular… Veo por la ventanilla del coche cómo cambia el paisaje. Creo intuir árboles que vamos dejando atrás. ¡Cojonudo! Al final me van a ejecutar en un huerto, como en mis sueños.

Nos detenemos. El conductor y el copiloto se bajan y cierran de un portazo. Oigo el motor de un segundo coche que también se detiene. El Tarao sigue sentado a mi lado. Agarra con fuerza las esposas mientras mira al grupo de hombres que hay en el exterior. Espera una orden.

—*Yallah! Yallah!* —me grita para que me mueva y baje del coche.

Me quitan la capucha. Abro y cierro los ojos para acostumbrarme a la luz del sol. Miro alrededor y veo a una docena de hombres encapuchados y armados hasta los dientes que me observan. Están nerviosos. Se mueven de un lado a otro vigilando.

El Tarao me empuja varias veces en la espalda para que camine hacia unos matorrales donde hay más hombres armados con fusiles de asalto y con un lanzagranadas. «¿Estos tipos se preparan para invadir algún país ellos solos?», pienso al observar todo ese despliegue.

—*Wail, yallah!* —me ordena golpeándome en la espalda con el AK-47 para que eche a andar.

Me giro y le miro con odio. ¡Qué prisa tienes, hijoputa! ¡Ni que desearas rebanarme el cuello para volverte a casa con la parienta! Camino hundiendo los pies en el lodazal que es este campo de cultivo. Me lo tomo con la mayor calma del mundo, para desesperación del que ha sido mi carcelero durante los últimos siete meses.

A lo lejos distingo dos figuras arrodilladas. ¡Mis amigos! ¡Son mis amigos! Esposados y custodiados por otros cuatro hombres armados y encapuchados. Uf… ¡Ahí están! Bajo esa maraña de pelos, ojeras, arrugas… Pero ¡están ahí! ¡Uf…! Aprieto los dientes con fuerza. Sonreímos, nos miramos y volvemos a sonreír. Hacía siete meses que no los veía, y ahora están junto a mí. Su aspecto es lamentable, imagino que como el mío, pero son ellos, ¡mis amigos!

—¿Quién es Antonio? —pregunta en alto uno de los secuestradores, el que tiene pinta de líder de la unidad.

—Yo —le digo levantando la mano como si fuese un alumno ejemplar de un colegio.

Le echo un vistazo rápido. Lleva un *walkie-talkie* en la mano derecha, una pistola en la izquierda y un puñal aferrado en el pecho, justo encima de los cargadores de la munición. ¿Será el verdugo?

Hace un gesto con la cabeza a dos yihadistas, quienes me toman de los antebrazos y me llevan hacia un claro a unos trescientos metros de mis dos amigos. Los voy perdiendo por el rabillo del ojo a medida que me alejo de ellos.

Me arrodillan y se colocan tras de mí. Está bastante claro que voy a ser el primero. Desde la intromisión del bueno de L.M. en este secuestro, es algo de lo que no me cabe ni la más mínima duda. Busco la cámara con la que van a inmortalizar el momento y al tipo del puñal. Ni rastro…

—*Hurr!* («¡libre!») —me susurra uno de mis custodios apretándome con fuerza el hombro izquierdo.

¿Acaba de decir «libre»? Giro la cabeza para mirarle. Ni de broma. Eso es lo que me parece haber oído. No hablo árabe. ¡No, no acaba de decir eso! ¡Calma, Antonio…! No pierdas la calma.

—*Hurr*, *hurr!* —me repite.

Trato de levantarme, pero el yihadista de mi derecha me lo impide empujándome de nuevo contra el barro. Si tu colega acaba de decir «libre», ¿por qué no dejas que me vaya? Aprieto con fuerza los dientes...

Mis amigos cruzan por delante de mí. Caminan despacio y con las manos en alto. El tipo del puñal se me acerca. Saca una llave de uno de los bolsillos de su pantalón y me abre las esposas.

—¡Turquía, *yallah*! —me dice señalando unas torres de vigilancia que se alzan detrás de los árboles.

—¿Turquía? —repito sin llegar a entender lo que quiere decirme.

—*Aiwa! Anta* Turquía, *yallah!* —grita.

«¿Así, sin más? ¿Me puedo ir?», me pregunto sin entender absolutamente nada. Cuando pienso que me van a partir por la mitad, resulta que me liberan. ¿Es necesaria esta puesta en escena? ¿No hay otra forma de hacer las cosas? Hay que machacar al supuesto espía hasta el final, ¿no? ¡Que se joda! *«Don't forget us»*, me ha dicho antes Espikinglish. ¡Como para olvidarme de vosotros!

Comienzo a caminar lentamente para que vean que no trato de correr, imitando a mis dos amigos. Tengo la tentación de mirar hacia atrás, pero es mejor no ver qué ocurre a mi espalda. Cierro los ojos y pido a Dios que nos ayude. Son solo unos metros hasta alcanzar la valla.

—¿Doscientos noventa y nueve días secuestrados? ¿De verdad? —me pregunta un policía turco.

La comisaría huele al humo de los cigarrillos que fuman la media docena de uniformados que están presentes durante mi interrogatorio. Le doy vueltas al té caliente que me han servido mientras voy contestando sus preguntas.

Sobre la mesa de la comisaría observo, con una enorme tristeza, los papeles que me requisaron los policías turcos cuando me cachearon al cruzar la frontera. La novela escrita con tantísimo mimo y cariño para Goyo se la van a quedar ellos. Dicen que me la devolverán después de comprobar qué hay escrito en todas esas hojas dobladas y arrugadas. He conseguido esconderlas durante siete meses. Logré que mis carceleros no las encontrasen. Cruzaron conmigo la frontera y ahora, cuando lo más difícil ya estaba conseguido, la policía turca me las ha quitado. Maldita sea mi suerte. Me han prometido que me las darán llegado el momento. Pero yo ya no sé qué creer.

El interrogatorio se eterniza. El oficial teclea mi nombre en el ordenador con la mayor de las parsimonias. Pulsa tecla a tecla. Le observo con desdén. Estoy muy, muy cansado y hago un gran esfuerzo para no dormirme. Mi cuerpo, de pronto, se ha relajado. Es como si la tensión acumulada durante todos estos meses se me hubiese venido encima.

El interrogatorio se alarga cerca de tres horas. Desde la comisaria hacen llegar un mensaje a nuestra embajada para comunicarles que tienen a tres de sus ciudadanos que acaban de salir de Siria.

El policía imprime varios folios y me los da para que los firme. Lo hago sin preguntar lo que hay escrito en ellos. Me da absolutamente igual. Yo solo quiero salir de aquí e irme a casa. Me estrecha la mano y sonríe cortésmente.

Y entonces me formula la pregunta que he estado esperando durante diez meses. ¡Diez putos meses!

—¿Quieres llamar a tu familia? —me pregunta el policía.

Marco los números despacio. Muy despacio… +34 91…

—¿Dígame?

Uf…

—¿Mamá?

—¿Sí?

—Mamá… Lo siento, lo siento, lo siento…

—¡Hijo! ¡Hijo! —me responde llorando.

Casi no puede hablar. Voz entrecortada. No le salen las palabras, pero da igual. Poco importan, ahora mismo, las palabras. La oigo llorar al otro lado del teléfono. Lloro con ella. Comparto su alegría, aunque no se lo diga. Al escuchar la voz entrecortada de mi madre, me acuerdo de aquella última frase de Espikinglish: *«Don't forget us»*. No. Desde luego que no voy a olvidarme de vosotros.

—Mamá, se acabó. Vuelvo a casa.

Epílogo

299 DÍAS

por Cristina Sánchez, representante de las familias

Pedí que la primera llamada fuera conmigo. Quería que la primera voz que escuchara fuera la mía. Más serena y sosegada que la de una madre superada, a esa hora, por la conmoción de una noticia tan largamente esperada. Llevaba diez meses preparándome para ese momento. Durante ese tiempo que parecía interminable me tocó guardar la calma, mantener la paciencia, conservar la esperanza de todos. Necesitaba que antes de la erupción de emociones, del estallido de palabras atropelladas, supiera que estaban bien, que estábamos bien. Que jamás sucumbieron al desaliento. Que fueron un ejemplo de resistencia y de coraje. Que podía estar orgulloso de su familia. De unos padres y de unos hermanos que me allanaron el camino y jamás pusieron obstáculos en su recorrido.

Y entonces mi móvil sonó. Y en la pantalla, un número turco. Nunca antes me habían temblado así las manos. Durante una milésima de segundo traté de recordar cuándo fue la última vez que escuché su voz. Pero lo único que me venía a la memoria era ese último *e-mail* que precedió al silencio que activó todas las alarmas. Silencio que la tarde del 7 de mayo de 2016 se transformó en el más hermoso de los sonidos. Solo quien ha vivido la incertidumbre de no saber si volverá a escucharla puede entender lo que supuso sentir su respiración al otro lado del teléfono.

Hasta llegar a ese día recorrimos una travesía en la que se mezclaron temores, dolor, inquietud, cólera, lágrimas. No lo voy a negar. Navidades y cumpleaños. Pero también rosas, confesiones, plazas madrileñas y algunas risas. Sí, risas. Fue el mayor de mis empeños. Reímos y lloramos. Alguien me dijo una vez que en una guerra no solo se muere, también se vive. Y en nuestra particular batalla nosotros teníamos que seguir viviendo para que cuando regresaran encontraran la familia que dejaron diez meses atrás. No perder la rutina cotidiana. Cuidarse, cuidar los unos de los otros. Y no lo hicimos solos. Busqué ayuda y otra se me ofreció sin pedirla. Y fue entonces que aprendí que los familiares también son víctimas. Que su sufrimiento psicológico, su nivel de ansiedad, son similares a los de aquellos que tienen a un ser querido desaparecido. Y que tienden a descuidar sus propias necesidades. Y a sentir culpa. Por eso tejí una red de complicidad y confianza en la que se sintieran comprendidos y acompañados en esa montaña rusa de sensaciones y emociones en la que se convirtieron sus vidas. Es curiosa la mente. Mientras escribo estas líneas solo visualizo los momentos de luz entre tanta oscuridad. La terraza en la que comimos, los trayectos en taxi, el vermut, los regalos, los piropos de las madres a sus hijos y el amor que iba creciendo en mí por ellas. Porque esos diez meses me han ayudado a entender mejor por lo que pasan nuestras familias cuando viajamos a una zona de conflicto a realizar una cobertura. A comprender mejor a mis propios padres. Ninguno de nosotros podremos agradecer lo suficiente su entereza y paciencia ante algo que ellos no eligieron. Vuestro ejemplo nos ha hecho ser lo que somos.

Resulta peculiar, también, cómo las distintas comunicaciones han marcado nuestras vidas durante ese período. Su inicio y su final. La presencia y la ausencia de ellas. Todo comenzó con un último *e-mail* y terminó con una primera llamada. Arrancó con un despegue desde Barajas un día soleado y concluyó con un aterrizaje en Torrejón una mañana de intensa lluvia. Entre medias, casi un año. Ahora parece todo tan lejano, como congelado en un tiempo que contemplamos desde la distancia. Vamos al cine, compartimos cenas, seguimos viajando. Y, sin embargo, creo que ninguno de nosotros somos los mismos. Para bien o para mal, hemos cambiado. Con todo, nuestra pesadilla llegó a su fin. No puedo ni imaginar lo que les hace la guerra a quienes la viven día a día. He hablado con muchos de ellos, junto a sus casas reducidas a escombros o en las tiendas de campaña convertidas en el hogar que se vieron obligados a dejar atrás. Mientras el resto del mundo opina sobre lo que es mejor o peor para ellos desde el calor de los despachos o la comodidad de un sillón y un clic. Nuestro trabajo es un permanente homenaje a esos hombres y a esas mujeres que representan, como pocos, la heroicidad.

Y los compañeros… Sé que algunos no compartieron algunas de mis decisiones pero la inmensa mayoría las respetó. Vivía pegada al móvil y al ordenador, y, aun así, no os pude atender a todos. Espero que lo entendierais. Y que sepáis que vuestro cariño y apoyo fue esencial para las familias, para ellos, para su libertad. Son los profesionales y no las direcciones quienes hacen grande a esta profesión. *Free lances* y plantillas al lado de *free lances* que, con sus propios medios, viajaron a una guerra para seguir haciendo del periodismo un servicio público. Y que pagaron un elevado precio por ello. Antonio lo llama «accidente laboral». Y no le falta razón. Un obrero se puede caer de un andamio. A un profesional de la información, en una zona de conflicto, le pueden matar, herir, detener o secuestrar. En el ejercicio de su profesión. Pero lo seguimos haciendo. Porque, de lo contrario, el mundo sería más opaco y la injusticia quedaría sepultada bajo toneladas de silencio. «Por los civiles, vuelvo por los civiles», me contestaba siempre que yo le preguntaba por qué regresaba una y otra vez a Siria, al infierno en la Tierra. Dejando una vez más a cero su cuenta corriente. Para vender crónicas por las que, con suerte, le pagarán entre 60 y 100 euros según la impúdica dinámica de compra a la que algunos han reducido la información internacional y que a todos, medios y audiencia, nos debería llevar a una reflexión.

Y de entre todos los compañeros, nuestros amigos personales, sostén y pilar. Y quien me acompañó de la mano sin soltarla ni un solo minuto para poder volver a coger la de Antonio. Todos y cada uno sabéis quiénes sois. Entre los momentos más felices de mi vida, los distintos reencuentros tras la liberación.

Y a mis amigos y familia, quienes con estoica paciencia me aguantaron durante esos diez meses. Y una mención especial a la cafetería de ese centro comercial que tanto odié y que, felizmente, logramos cambiar por una arrocería el día que todo terminó. No hay palabras suficientes en el diccionario para expresar nuestro agradecimiento, que será infinito.

Mi último mensaje es para Antonio, extensible a sus dos compañeros de fatigas. Las primeras palabras que escuché al otro lado del teléfono ese 7 de mayo de 2016 fueron «lo siento». Ahora estamos recorriendo otro camino. El de superar la culpa, afrontar la rabia, las noches de insomnio, nuestros fantasmas. Pocos hablan de ello, pero el proceso posterior es largo y también traumático. Hasta asumir que los únicos responsables de lo sucedido son quienes os arrebataron la libertad y a nosotros, nuestro derecho a ser informados. Silenciando la voz de un pueblo que la tiene pese al empeño de muchos por acallarla. Espero no tener que volver a hacerlo pero, de ser así, lo haría una y mil veces.

AGRADECIMIENTOS

Nunca hubiese sido capaz de escribir este relato sin el apoyo incondicional de mis padres. Por eso quiero que estas primeras líneas sean exclusivas para ellos. Quiero pedirles perdón por todo el sufrimiento y la angustia que les he ocasionado. Ellos fueron los primeros en animarme a plasmar los diez meses que duró el secuestro. A ellos les debo muchas cosas pero, sobre todo, ser quien soy hoy en día. También han sido los primeros en volver a animarme para que continúe viajando y ejerciendo mi profesión a pesar de los riesgos que entraña.

A Goyo, mi hermano, por tu cariño y tu admiración. Me he perdido muchos buenos momentos por culpa de mis viajes pero, aun así, has sido el primero en apoyarme.

A Alejandra, mi hermana, por ese abrazo reconfortante con el que estuve soñando 299 días. Fuiste mi luz durante los momentos más duros. Tu recuerdo me ayudó a aguantar y a continuar teniendo esperanza. Has sido mi faro en la oscuridad.

A Sara, mi compañera de viaje, quien ha sido mi editora y el hombro en el que me he apoyado durante los momentos en los que he flojeado mientras escribía este libro.

A Cristina por salvarme la vida. He contraído una deuda contigo que difícilmente podré compensarte nunca.

A mi familia, por dar sentido —precisamente— a la palabra «familia».

A mi tío José Antonio, de quien no pude llegar a despedirme.

A mis vecinos de Mejorada del Campo por arropar a mi familia durante estos diez meses. Habéis hecho que me sienta muy orgulloso de ser mejoreño.

A todos mis compañeros por el respeto, el cariño, el apoyo y el aliento que habéis brindado a mi familia en estos difíciles momentos.

A aquellos que han trabajado en la sombra por devolverme a casa. Gracias a vosotros pude volver a abrazar a los míos. Siempre seréis mis ángeles de la guarda.

Y, por último, pero no menos importante, a Ramon Perelló y a todos los que trabajan en Península por ofrecerme escribir este relato para dar a conocer qué ocurrió durante aquellos diez meses.